U0035028

讓你智慧大開之書

——《呻吟語》——外篇

呂坤 原著
蔡登山 主編

智慧之書——呂坤的《呻吟語》

蔡登山

呂坤是明朝著名思想家、文學家。其著作《坤吟語》一書暢銷一時，他與沈鯉，郭正域被當時稱為為萬曆年間「三大賢」。清朝道光六年（1826），朝廷應禮部之呈請，呂坤被入祀孔廟西廡，這是他去世已逾兩百年之後，被清廷官方認定為一代「真儒」。根據劉金芳〈商丘歷史名人呂坤：一位被稻盛和夫敬佩的儒者〉文中說：「呂坤的思想不但影響國內，同樣在國外也有很大影響，呂坤的著作《呻吟語》，先後被翻譯成二十個國家的文字出版發行，在日本、韓國、美國、埃及等國家也有崇高的學術地位。同樣也影響了日本商業界。『深厚沉重是第一資質，磊落豪雄是第二資質，聰明才辯是第三資質。』這是呂坤在其《呻吟語》中對於人才的分類。被譽為日本四大『經營之聖』之一的日本著名企業家稻盛和夫深受此書影響，直言《呻吟語》是他修煉自己與管理企業的四本書之一。」

呂坤（1536—1618），字叔簡，號新吾，河南寧陵縣人（今屬河南商丘），幼時讀書，即厭訓詁家言，謂其雜亂零落，不切實際，棄而不學，日惟默坐澄心，體認天地事物之本旨，久之便有所澈悟。到了十五歲，四子五經皆能習誦。明世宗嘉靖四十五年（1561）中舉人，穆宗隆慶五年（1571）中進士，但因母親去世，回鄉服喪。三年期滿，到了神宗萬曆二年（1574）才出任山西省襄垣知縣。到任之後，治尚嚴明，撫良懲暴，又設法積穀救飢，立河倉，修堤防，邑民賴之以安。又修學宮，設學田，時常召集諸生，講授經術，朞年之間，政通人和。可惜的是他在襄垣一年，又調往大同令，他除暴安良，秉公執法，時人讚嘆「天下第一不受請託，無如大同令」。在大同一年多的光景，調中樞為吏部主事，任事之後，崢崢直言，不稍畏忌。在部十年，論勞績應當轉升京卿，可是因他不結當道，遭同僚的忌妒和排擠，被放為山東參政，出守濟南，三年之內，濟南一帶大治，四境昇平，民安物阜。萬曆十八年，調升山西按察使，過了一年，又調為陝西布政使，再過一年，調升巡撫山西右僉都御使。在此為官期間，他都能夠「正己率屬，身體力行，不受餽遺，不取贖羨，不妄薦以官，不枉劾以職。」萬曆二十二年，調升為刑部左侍郎，任上三年，朝政日非，征斂苛雜，他就上了一道奏摺，慷慨陳詞，痛切地毫無規避隱飾的指摘時政，這份〈憂危疏〉對皇帝的攬財怠政及國家治理上的諸多弊端都有指出，也因此觸怒神宗，被留中不發，呂坤遂憤然辭職，閉門專心著述，面對朝局日漸敗壞，世風日下，他的內心充滿了憤慨和失望。他在〈自撰墓志銘〉說：「今已矣，欲有所言，竟成結舌；欲有所為，竟成齎志。卷獨知之契於一腔，付獨見之言於一炬，將一寸丹心獻之上帝，任其校勘，平生將兩肩重擔付之同人，賴其挽回世道，余謝人間世矣。」呂坤擁有一顆為國為民的正直之心，然他的公正，他的無私，他的廉潔，他的敢言，為世者所不容，黃宗羲這樣評價他：「每遇國家大事，先生持正，不為首鼠，以是小人所不悅。」

當歸林之日，他也不過四十幾歲。他在家中，度過下半世的光陰，他雖然悠游林下，但他並沒有休息，日與門弟子講經論道，切磋道德，寧陵古稱沙隨，人都稱他為「沙隨夫子」。黃宗羲曾經在《明儒學案》中讚揚他說：「一生孜孜講學，多所自得，大抵在思上做工夫，心頭有一分檢點，便有一分得處，蓋從憂患中歷過，故不敢任情如此。」

呂坤致力於倡導實學，講究經世致用，他繼承實踐陽明心學知行合一的觀點，主張用真實有用的實學，來推動社會改革、躬行地方實踐，在當時形成了一股社會思潮，推動「致良知」對鄉民的教化。呂坤著述頗豐，主要作品除《呻吟語》、《實政錄》外，還有《去偽齋集》、《閨範》、《演小兒語》、《四禮翼》、《四禮疑》、《交泰韻》等二十多部，內容涉及政治、經濟、女子教育、童蒙教育、修身處世以及禮法、醫學、音韻等諸多領域。

《呻吟語》共六卷，分內、外篇，前三卷為內篇，有性命、存心、倫理、談道、修身、問學、應務、養生等八篇；後三卷為外篇，有天地、世運、聖賢、品藻、治道、人情、物理、廣喻、詞章等九篇，總計十七篇。《呻吟語》分卷、分篇、分章編排，每則內容相對獨立，圍繞一個主題，集中談一個問題，多非問答之語，而以獨白為主體，雖有少量的對話，但對話的另一方常以「或問」、「人問」的身份出現。這都是呂坤自己的假設，其目的是為了凸顯問題的答案，它不同於《論語》是由孔子門人編撰的缺乏一致性。《呻吟語》作為一部優秀的語錄體散文集，學者魏峨指出它有三大特點：一是文辭貼近口語，通俗、自然、淺顯；二是有感而發，不作無病呻吟；三是所錄要言不煩，多非長篇大論。其中所錄，有的不過三言兩語，最長一則也僅有六百三十字，言簡意賅，意味深長，字裡行間蘊藉著深刻的思想，閃爍著智慧的光芒！

譬如在〈存心〉篇，他說道：

心要如天平，稱物時，物忙而衡不忙；物去時，即懸空在此。只恁靜虛中正，何等自在！

君子洗得此心淨，則兩間不見一塵；充得此心盡，則兩間不見一礙；養得此心定，則兩間不見一怖；持得此心堅，則兩間不見一難。

士君子作人，事事時時只要個用心。一事不從心中出，便是亂舉動；一刻心不在腔子裡，便是空軀殼。

世之人何嘗不用心？都只將此心錯用了。故學者要知所用心，用於正而不用於邪，用於要而不用於雜，用於大而不用於小。

在〈修身〉篇，呂坤說：「人生天地間，要做有益於世底人。縱沒這心腸、這本事，也休做有損於世底人」。那做人應該達到何等境界呢？他說：「士君子只求四真：真心、真口、真耳、真眼。真心無妄念，真口無雜語，真耳無邪聞，真眼無錯識。」「真」是做人的標準，就是要內心坦蕩，用一顆真心來對待一切人和事。他並提出一個人有過要認過，還要改過，他說：「有過是一過，不肯認過又是一過。一認則兩過都無，一不認則兩過不免。」而對於「貧富、貴賤、得失、榮辱」要保持平常心、曠達心，他說：「我身原無貧富、貴賤、得失、榮辱字，我只是個我，故富貴、貧賤、得失、榮辱如春風秋月，自去自來，與心全不牽掛，我到底只是個我。夫如是，故可貧、可富、可貴、可賤、可得、可失、可榮、可辱。」

在〈問學〉篇，他主張學問貴在自得、創新，他反對「攝著人家腳跟走」，也不贊成「跟著數聖人走」，強調「各人走個人路」。他提出「學以自得為宗」的治學思想，還提出「心術、學術、政術」對一位學者的重要性，即「心術要誠，學術要正，政術要仁」，而此「三術」中，以「心術」最為重要，也就是說學者最忌諱「器度小」「小家子氣」和自欺自利等。

至於在〈應務〉篇，也就是在為人處事上，他認為「察言觀色，度德量力」這八個字最為重要。與人交往，「疑心最害事」，而做事要從「實處著腳，穩處下手」。他說：「余行年五十，悟得『五不爭』」，而所謂「五不爭」就是「不與居積人爭富，不與進取人爭貴，不與矜飾人爭名，不與簡傲人爭禮，不與盛氣人爭是非。」這是呂坤人生處事的經驗之談。

《呻吟語》的寫作時間長達三十年，呂坤從嘉靖四十二年（1563）開始撰寫，一直到萬曆二十一年（1593）才刊行，而刊行之後，仍筆耕不輟，到了萬曆四十四年（1616），又刊行了兩卷本《呻吟語摘》。兩本著作的寫作，前後長達五十三年，在八十三歲的生命裡，其實已經超過他的大半生了。這其中包含呂坤對人生和世情的觀察、思考、認識和探索，充滿了睿智的哲理、真情的感悟和對真理的不懈追求，是他大半生經驗和智慧的結晶。也為後人在啟迪心靈、品味人生、閨範道德、指導實踐方面提供了借鑑，也因此被稱為一本「人生的百科全書」。

讓你智慧大開的書——《呻吟語》

序

呂坤

呻吟，病聲也。呻吟語，病時疾痛語也。病中疾痛，惟病者知，難與他人道，亦惟病時覺，既癒，旋復忘也。

予小子生而昏弱善病，病時呻吟，輒志所苦以自恨曰：「慎疾，無復病。」已而弗慎，又復病，輒又志之。蓋世病備經，不可勝志。一病數經，竟不能懲。語曰：「三折肱成良醫。」予乃九折臂矣。疣痼年年，呻吟猶昨。嗟嗟！多病無完身，久病無完氣，予奄奄視息，而人也哉？

三十年來，所志《呻吟語》，凡若干卷，攜以自藥。司農大夫劉景澤，攝心繕性，平生無所呻吟，予甚愛之。頃共事鴈門，各談所苦，予出《呻吟語》眎景澤。景澤曰：「吾亦有所呻吟而未之志也。吾人之病，大都相同。子既志之矣，盍以公人？蓋三益焉：醫病者，見子呻吟，起將死病；同病者，見子呻吟，醫各有病；未病者，見子呻吟，謹未然病。是子以一身示懲於天下，而所壽者眾也。既子不癒，能以癒人，不既多乎？」余矍然曰：「病語狂，又以其狂者惑人聞聽，可乎？」因擇其狂而未甚者存之。

嗚呼！使予視息苟存，當求三年艾，健此餘生，何敢以疣痼自棄？景澤，景澤，其尚醫予也夫！

萬曆癸巳三月，抱獨居士寧陵呂坤書。

目次
CONTENTS

外篇・

卷四

天地・世運・聖賢・品藻

天地

濕溫生物，濕熱長物，燥熱成物，淒涼殺物，嚴寒養物。濕溫，沖和之氣也；濕熱，蒸發之氣也；燥熱，燔灼之氣也；淒涼，殺氣，陰壯而陽微也，嚴寒，斂氣，陰外激而陽內培也。五氣惟嚴寒最仁。

渾厚，天之道也。是故處萬物而忘言，然不能無日月星辰以昭示之，是寓精明於渾厚之中。

精存則生神，精散則生形。太乙者，天地之神也；萬物者，天地之形也。太乙不盡而天地存，萬物不已而天地毀。人亦然。

天地只一個光明，故不言而人信。

天地不可知也，而吾知天地之所生，觀其所生，而天地之性情形體懼見之矣。是故觀子而知父母，觀器而知模範。天地者，萬物之父母而造物之模範也。

天地之氣化，生於不齊，而死於齊。故萬物參差，萬事雜揉，勢固然耳，天地亦主張不得。

觀七十二候者，謂物知時，非也，乃時變物耳。

天地盈虛消息，是一個套子，萬物生長收藏，是一副印板。

天積氣所成，自吾身以上皆天也。日月星辰去地八萬四千里，囿於積氣中，無纖隔微礙，徹地光明者，天氣清甚無分毫渣滓耳。故曰太清。不然，雖薄霧輕煙，一里外有不見之物矣。

地道，好生之至也，凡物之有根種者，必與之生。盡物之分量，盡己之力量，不至寒凝枯敗不止也、故曰坤稱母。

四時，惟冬是天地之性，春夏秋，皆天地之情。故其生萬物也，動氣多而靜氣少。

萬物得天地之氣以生，有宜溫者，有宜微溫者，有宜太溫者，有宜溫而風者，有宜溫而濕者，有宜溫而燥者，有宜溫而時風時濕者。何氣所生，則宜何氣，得之則長養，失之則傷病。氣有一毫之爽，萬物陰受一毫之病。其宜涼、宜寒、宜暑，無不皆然。飛潛動植，蠛蠓之物，無不皆然。故天地位則萬物育，王道平則萬民遂。

六合中洪纖動植之物，都是天出氣、地出質熔鑄將出來，都要消磨無跡還他。故物不怕是金石，也要歸於無。蓋從無中生來，定要都歸無去。譬之一盆水，打攪起來大小浮漚以千萬計，原是假借成的，少安靜時，還化為一盆水。

先天立命處，是萬物自具的，天地只是個生息培養。只如草木原無個生理，天地好生亦無如之何。

天地間萬物，都是陰陽兩個共成的。其獨得於陰者，見陽必避，蝸牛壁蘚之類是也；其獨得於陽者，見陰必枯，夏枯草之類是也。

陰陽合時只管合，合極則離；离時只管離，離極則合。不極則不離不合，極則必離必合。

定則水，燥則火，吾心自有水火；靜則寒，動則熱，吾身自有冰炭。然則天地之冰炭誰為之？亦動靜為之。一陰生而宇宙入靜，至十月閉塞而成寒；一陽生而宇宙入動，至五月薰蒸而成暑。或曰，「五月陰生矣，而六月大暑，十一月陽生矣，而十二月大寒；何也？」曰：「陽不極則不能生陰，陰不極則不能生陽，勢窮則反也。微陰激陽，則陽不受激而愈熾；微陽激陰，則陰不受激而愈溢，氣逼則甚也。至七月、正月，則陰陽相戰，客不勝主，衰不勝旺，過去者不勝方來。故七月大火西流，而金漸生水；正月析木用事，而水漸生火。蓋陰陽之氣續接非直接，直接則絕，父母死而子始生，有是理乎？漸至非驟至，驟至則激，五穀種而能即熟，有是理乎？二氣萬古長存，萬物四時成遂，皆續與漸為之也。惟續，故不已；惟漸，故無跡。

既有個陰氣，必有聚結，故為月；既有個陽氣，必有精華，故為日。晦是月之體，本是純陰無光之物，其光也映日得之，客也，非主也。

天地原無晝夜，日出而成晝，日入而成夜。星常在天，日出而不顯其光，日入乃顯耳。古人云星從日生。細看來，星不借日之光以為光。嘉靖壬寅日食既，滿天有星，當是時，日且無光，安能生星之光乎？

水靜柔而動剛，金動柔而靜剛，木生柔而死剛，火生剛而死柔。土有剛有柔，不剛不柔，故金、木、水、火皆從鍾焉，得中故也，天地之全氣也。

噓氣自內而之外也，吸氣自外而之內也。天地之初噓為春，噓盡為夏，故萬物隨噓而生長；天地之初吸為秋，吸盡為冬，故萬物隨吸而收藏。噓者上升，陽氣也，陽主發；吸者下降，陰氣也，陰主成。噓氣溫，故為春夏；吸氣寒，故為秋冬。一噓一吸，自開闢以來至混沌之後，只這一絲氣有毫髮斷處，萬物滅，天地毀。萬物，天地之子也，一氣生死，無不肖之。

風惟知其吹拂而已，雨惟知其淋漓而已，雪惟知其嚴凝而已，水惟知其流行而已，火惟知其燔灼而已。不足則屏息而各藏其用，有餘則猖狂而各恣其性。卒然而感則強者勝，若兩軍交戰，相下而後已。是故久陰則權在雨，而日月難為明；久旱則權在風，而雲雨難為澤，以至水火霜雪莫不皆然。誰為之？曰：陰陽為之。陰陽誰為之？曰：自然為之。

陰陽徵應，自漢儒穿鑿附會，以為某災樣應某政事，最迂。大抵和氣致祥，戾氣致妖，與作善降祥，作惡降殃，道理原是如此。故聖人只說人事，只盡道理，應不應，在我不在我，都不管。若求一一徵應，如鼓答桴，堯舜其猶病矣。大段氣數有一定的，有偶然的，天地不能違，天地亦順之而已。旱而雩，水而禜，彗孛而禳，火而祓，日月食而救，君子畏天威，謹天戒當如是爾。若云隨禱輒應，則日月盈虧豈繫於救不救之間哉？大抵陰陽之氣，一偏必極，勢極必反。陰陽乖戾而分，故孤陽亢而不下陰則旱，無其極，陽極必生陰，故久而雨；陰陽和合而留，故淫陰升而不捨陽則雨，無其極，陰極必生陽，故久而晴。草木一衰，不至遽茂，一茂不至遽衰；夫婦朋友失好，不能遽合，合不至遽乖。天道物理人情，自然如此，是一定的，星隕地震，山崩雨血，火見河清，此是偶然的。吉凶先見，自非常理，故臣子以修德望君，不必以災異恐之。若因災而懼，固可修德。一有祥瑞，使可謂德已足而罷修乎？乃若至德回天，災祥立應，桑穀枯，彗星退，冤獄釋而驟雨，忠心白而反風，亦間有之。但曰必然事，吾不能確確然信也。

氣化無一息之停，不屬進，就屬退。動植之物，其氣機亦無一息之停，不屬生，就屬死，再無不進不退而止之理。

形生於氣。氣化沒有底，天地定然沒有；天地沒有底，萬物定然沒有。

生氣醇濃渾濁，殺氣清爽澄澈；生氣牽戀優柔，殺氣果決脆斷；生氣寬平溫厚，殺氣峻隘涼薄。故春氣絪縕，萬物以生；夏氣薰蒸，萬物以長；秋氣嚴肅，萬物以入；冬氣閉藏，萬物以亡。

一呼一吸，不得分毫有餘，不得分毫不足；不得連呼，不得連吸；不得一呼無吸，不得一吸無呼，此盈虛之自然也。

水質也，以萬物為用；火氣也，以萬物為體。及其化也，同歸於無跡。水性徐，火性疾，故水之入物也，因火而疾。水有定氣，火無定氣，放火附剛則剛，附柔則柔，水則入柔不入剛也。

陽不能藏，陰不能顯。才有藏處，便是陽中之陰；才有顯處，便是陰中之陽。

水能實虛，火能虛實。

乾坤是毀的，故開闢後必有混沌，所以主宰乾坤是不毀的，故混沌還成開闢。主宰者何？元氣是已。元氣亙萬億歲年終不磨滅，是形化、氣化之祖也。

天地全不張主，任陰陽；陰陽全不擺佈，任自然。世之人趨避祈禳，徒自苦耳。其奪自然者，惟至誠。

天地發萬物之氣，到無外處止。收斂之氣到無內處止。不至而止者，非本氣不足，則客氣相奪也。

靜生動長，動消靜息。息則生，生則長，長則消，消則息。

萬物生於陰陽，死於陰陽。陰陽於萬物原不相干，任其自然而已。雨非欲潤物，旱非欲熯物，風非欲撓物，雷非欲震物，陰陽任其氣之自然，而萬物因之以生死耳。《易》稱「鼓之以雷霆，潤之以風雨」，另是一種道理，不然，是天地有心而成化也。若有心成化，則寒暑災祥得其正，乃見天心矣。

天極從容，故三百六十日為一噓吸；極次第，故溫暑涼寒不蓦越而雜至；極精明，故晝有容光之照而夜有月星；極平常，寒暑旦夜、生長收藏，萬古如斯而無新奇之調；極含蓄，並包萬象而不見其滿塞；極沉默，無所不分明而無一言；極精細，色色象象條分縷析而不厭其繁；極周匝，疏而不漏；極凝定，風雲雷雨變態於胸中，悲歡叫號怨德於地下，而不惡其擾；極通變，普物因材不可執為定局；極自然，任陰陽氣數理勢之所極所生，而已不與；極堅耐，萬古不易而無欲速求進之心，消磨曲折之患；極勤敏，無一息之停；極聰明，亙古今無一人一事能欺罔之者，極老成，有虧欠而不隱藏；極知足，滿必損，盛必衰；極仁慈，雨露霜雪無非生物之心；極正直，始終計量，未嘗養人之奸、容人之惡；極公平，抑高舉下，貧富貴賤一視同仁；極簡易，無瑣屑曲局，示人以繁難；極雅淡，青蒼自若，更無炫飾；極靈爽，精誠所至，有感必通；極謙虛，四時之氣常下交；極正大，擅六合之恩威而不自有；極誠實，無一毫偽妄心，虛假事；極有信，萬物皆任之而不疑。故人當法天。人，天所生也。如之者存，反之者亡，本其氣而失之也。

春夏後，看萬物繁華，造化有多少淫巧，多少發揮，多少張大，元氣安得不斲喪？機緘安得不窮盡？此所以虛損之極，成否塞，成渾沌也。

形者，氣之橐囊也。氣者，形之線索也。無形，則氣無所憑籍以生；無氣，則形無所鼓舞以為生。形須臾不可無氣，氣無形則萬古依然在宇宙間也。

要知道雷霆霜雪都是太和。

濁氣醇，清氣漓；濁氣厚，清氣薄；濁氣同，清氣分；濁氣溫，清氣寒；濁氣柔，清氣剛；濁氣陰，清氣陽；濁氣豐，清氣嗇；濁氣甘，清氣苦；濁氣喜，清氣惡；濁氣榮，清氣枯；濁氣融，清氣孤；濁氣生，清氣殺。

一陰一陽之謂道。二陰二陽之謂駁。陰多陽少、陽多陰少之謂偏。有陰無陽、有陽無陰之謂孤。一陰一陽，乾坤兩卦，不二不雜，純粹以精，此天地中和之氣，天地至善也。是道也，上帝降衷，君子衷之。是故繼之即善，成之為性，更無偏駁，不假修為，是一陰一陽屬之君子之身矣。故曰，君子之道，仁者見之謂之仁，智者見之謂之智，此之謂偏。百姓日用而不知，此之謂駁。至於孤氣所生，大乖常理。孤陰之善，慈悲如母，惡則險毒如虺；孤陽之善，嫉惡如仇，惡則凶横如虎。此篇夫子論性，純以善者言之，與性相近，稍稍不同。

天地萬物只是一個漸，故能成，故能久。所以成物悠者，漸之象也；久者，漸之積也。天地萬物不能頓也，而況於人乎？故悟能頓，成不能頓。

盛德莫如地，萬物於地，惡道無以加矣。聽其所為而莫之憾也，負荷生成而莫之厭也。故君子卑法地，樂莫大焉。

日正午，月正圓，一呼吸間耳。呼吸之前，未午未圓；呼吸之後，午過圓過。善觀中者，此亦足觀矣。

中和之氣，萬物之所由以立命者也，故無所不宜；偏盛之氣，萬物之所由以盛衰者也，故有宜有不宜。

祿位名壽、康寧順適、子孫賢達，此天福人之大權也，然嘗輕以與人。所最靳而不輕以與人者，惟名。福善禍淫之言，至名而始信。大聖得大名，其次得名，視德無分毫爽者。惡亦然。祿、位、壽、康在一身，名在天下；祿、位、壽、康在一時，名在萬世。其惡者備有百福，惡名愈著；善者備嘗艱苦，善譽日彰。桀、紂、幽、厲之名，孝子慈孫百世不能改。此固天道報應之微權也。天之以百福予人者，恃有此耳。彼天下萬世之所以仰慕欽承，疾惡笑罵，其禍福固亦不小也。

以理言之，則當然者謂之天，命有德，討有罪，奉三尺無私是已；以命言之，則自然者謂之天，莫之為而為，莫之致而至，定於有生之初是已；以數言之，則偶然者謂之天，會逢其適，偶值其際是已。

造物之氣有十：有中氣，有純氣，有雜氣，有戾氣，有似氣，有大氣，有細氣，有間氣，有變氣，有常氣，皆不外於五行。中氣，五行均調，精粹之氣也，人鍾之而為堯舜禹文周孔，物得之而為麟鳳之類是也。純氣，五行各具純一之氣也，人得之而為伯夷、伊尹、柳下惠，物得之而為龍虎之類是也。雜氣，五行交亂之氣也。戾氣，五行粗惡之氣也。似氣，五行假借之氣也。大氣，磅磅渾淪之氣也。細氣，纖蒙浮渺之氣也。間氣，積久充溢會合之氣也。變氣，偶爾遭逢之氣也。常氣，流行一定之氣也。萬物各有所受以為生，萬物各有所屬以為類，萬物不自由也。惟有學問之功，變九氣以歸中氣。

火性發揚，水性流動，木性條暢，金性堅剛，土性重厚，其生物也亦然。

太和在我，則天地在我，何動不臧？何往不得？

彌六合，皆動氣之所為也，靜氣一粒，伏在九地之下以胎之。故動者靜之死鄉，靜者動之生門。無靜不生，無動不死。靜者常施，動者不還。發大造之生氣者動也，耗大造之生氣者亦動也。聖人主靜以涵元理，道家主靜以留元氣。

萬物發生，皆是流於既溢之餘，萬物收斂，皆是勞於既極之後。天地一歲一呼吸，而萬物隨之。

天地萬物到頭來皆歸於母。故水、火、金、木有盡，而土不盡。何者？水、火、金、木，氣盡於天，質盡於地，而土無可盡。故真氣無歸，真形無藏。萬古不可磨滅，滅了更無開闢之時。所謂混沌者，真氣與真形不分也。形氣混而生天地，形氣分而生萬物。

天欲大小人之惡，必使其惡常得志。彼小人者，惟恐其惡之不遂也，故貪天禍以至於亡。

自然謂之天，當然謂之天，不得不然謂之天；陽亢必旱，久旱必陰，久陰必雨，久雨必晴，此之謂自然。君尊臣卑，父坐子立，夫唱婦隨，兄友弟恭，此之謂當然。小役大，弱役強，貧役富，賤役貴，此之謂不得不然。

心就是天，欺心便是欺天，事心便是事天，更不須向蒼蒼上面討。

天者，未定之命；命者，已定之天。天者，大家之命，命者，各物之天。命定而吉凶禍福隨之也，由不得天，天亦再不照管。

天地萬物只是一氣聚散，更無別個。形者，氣所附以為凝結；氣者，形所托以為運動。無氣則形不存，無形則氣不住。

天地既生人物，則人物各具一天地。天地之天地由得天地，人物之天地由不得天地。人各任其氣質之天地至於無涯牿，其降衷之天地幾於澌盡，天地亦無如之何也已。其吉凶禍福率由自造，天何尤乎而怨之？

吾人渾是一天，故日用起居食息，念念時時事事，便當以天自處。

朱子云：「天者，理也。」余曰：「理者，天也。」

有在天之天，有在人之天。有在天之先天，太極是已；有在天之後天，陰陽五行是已。有在人之先天，元氣、無理是已；有在人之後天，血氣、心知是已。

問：「天地開闢之初，其狀何似？」曰：「未易形容。」因指齋前盆沼，令滿貯帶沙水一盆，投以瓦礫數小塊，雜穀豆升許，令人攪水渾濁，曰：「此是混沌未分之狀。待三日後再來看開闢。」至日而濁者清矣，輕清上浮。曰：「此是天開於子。沉底渾泥，此是地闢於丑。中間瓦礫出露，此是山陵，是時穀豆芽生，月餘而水中小蟲浮沉奔逐，此是人與萬物生於寅。徹底是水天包乎地之象也。地從上下，故山上銳而下廣，象糧穀堆也。氣化日繁華，日廣侈，日消耗，萬物毀而生機微。天地雖不毀，至亥而又成混沌之世矣。」

雪非薰蒸之化也。天氣上升，地氣下降，是乾涸世界矣。然陰陽之氣不交則絕，故有留滯之餘陰，始生之嫩陽，往來交結，久久不散而迫於嚴寒，遂為雪為霰。白者，少陰之色也，水之母也。盛則為雪，微則為霜，冬月片瓦半磚之下著濕地，皆有霜，陰氣所呵也，土乾則否。

兩間氣化，總是一副大蒸籠。

天地之於萬物，因之而已，分毫不與焉。

世界雖大，容得千萬人忍讓，容不得一兩個縱橫。

天地之於萬物原是一貫。

輕清之氣為霜露，濃濁之氣為雲雨。春雨少者，薰蒸之氣未濃也。春多雨則沁夏之氣，而夏雨必少，夏多雨者，薰蒸之氣有餘也。夏少雨則積氣之餘，而秋雨必多，此謂氣之常耳。至於霪潦之年，必有亢陽之年，則數年總計也。蜀中之漏天，四時多雨；雲中之高地，四時多旱；吳下之水鄉，黃梅之雨為多，則四方互計也。總之，一個陰陽，一般分數，先有餘則後不足，此有餘則彼不足，均則各足，是謂太和，太和之歲，九有皆豐。

冬者，萬物之夜，所以待勞倦養精神者也。春生、夏長、秋成，而不培養之以冬，則萬物之滅久矣。是知大冬嚴寒，所以仁萬物也。愈嚴凝則愈收斂，愈收斂則愈精神，愈精神則生發之氣愈條暢。譬之人須要安歇，今夜能熟睡，則明日必精神。故曰：冬者，萬物之所以歸命也。

世運

勢之所在，天地聖人不能違也。勢來時即摧之，未必遽壞；勢去時即挽之，未必能回。然而聖人每與勢忤，而不肯甘心從之者，人事宜然也。

世人賤老，而聖王尊之；世人棄愚，而君子取之；世人恥貧，而高士清之；世人厭淡，而智者味之；世人惡冷，而幽人寶之；世人薄素，而有道者尚之。悲夫！世之人難與言矣。

壞世教者，不是宦官宮妾，不是農工商貿，不是衙門市井，不是夷狄。

古昔盛時，民自飽暖之外無過求，自利用之外無異好，安身家之便而不恣耳目之欲。家無奇貨，人無玩物，餘珠玉於山澤而不知寶，贏繭絲於箱篋而不知繡。偶行於途而知貴賤之等，創見於席而知隆殺之理。農於桑麻之外無異聞，士於禮義之外無羨談；公卿大夫於勸深訓迪之外無簿書。知官之貴，而不知為民之難；知貧之可憂，而不知人富之可嫉。夜行不以兵，遠行不以餱。施人者非欲其我德，施於人者不疑其欲我之德。訢訢渾渾，其時之春乎？其物之胚孽乎？吁！可想也已。

伏羲以前是一截世道，其治任之而已，己無所與也。五帝是一截世道，其治安之而已，不擾民也。三王是一截世道，其治正之而已，不使縱也。秦以後是一截世道，其治劫之而已，愚之而已，不以德也。

世界一般，是唐虞時世界，黎民一般，是唐虞時黎民，而治不古若，非氣化之罪也。

終極與始接，困極與亨接。

三皇是道德世界，五帝是仁義世界，三王是禮義世界，春秋是威力世界，戰國是智巧世界，漢以後是勢利世界。

士鮮衣美食，浮淡怪說、玩日愒時，而以農工為村鄙；女傅粉簪花、治容學態、袖手樂游，而以勤儉為羞辱；官盛從豐供、繁文縟節、奔逐世態，而以教養為迂腐。世道可為傷心矣。

喜殺人是泰，愁殺人也是泰。泰之人昏惰侈肆，泰之事廢墜寬罷，泰之風紛華驕蹇，泰之前如上水之篙，泰之世如高竿之頂，泰之後如下坂之車。故否可以致泰，泰必至於否。故聖人憂泰不憂否。否易振，泰難持。

世之衰也，卑幼賤微氣高志肆而無上，子弟不知有父母，婦不知有舅姑，後進不知有先達，士民不知有官師，郎署不知有公卿，偏裨軍士不知有主帥。目空空而氣勃勃，恥於分義而敢於陵駕。嗚呼！世道至此，未有不亂不亡者也。

節文度數，聖人之所以防肆也。偽禮文不如真愛敬，真簡率不如偽禮文。偽禮文猶足以成體，真簡率每至於逾閑；偽禮文流而為象恭滔天，真簡率而為禮法掃地。七賢八達，簡率之極也。舉世牛馬而晉因以亡。近世士風祟尚簡率；蕩然無檢，嗟嗟！吾莫知所終矣。

天下之勢，頓可為也，漸不可為也。頓之來也驟，驟多無根，漸之來也深，深則難撼。

頓著力在終，漸著力在始。

造物有涯而人情無涯，以有涯足無涯，勢必爭，故人人知足則天下有餘。造物有定而人心無定，以無定撼有定，勢必敗。故人人安分則天下無事。

天地有真氣，有似氣。故有鳳皇則有昭明，有粟穀則有稂莠，兔葵似葵，燕麥似麥，野菽似菽，槐藍似槐之類。人亦然，皆似氣之所鍾也。

六合是個情世界，萬物生於情死於情。至人無情，聖人調情，君子制情，小人縱情。

變民風易，變士風難；變士風易，變仕風難。仕風變，天下治矣。

古之居官也，在下民身上做工夫；今之居官也，在上官眼底做工夫。古之居官也尚正直，今之居官也尚轂阿。

任俠氣質皆賢者也，使人聖賢繩墨，皆光明俊偉之人。世教不明，紀法陵替，使此輩成此等氣習，誰之罪哉！

世界畢竟是吾儒世界，雖二氏之教雜出其間，而紀綱法度、教化風俗，都是二帝三王一派家數。即百家并出，只要主僕分明，所謂元氣充實，即風寒入肌，瘡瘍在身，終非危症也。

一種不萌芽，六塵不締構，何須度萬眾成羅漢三千？九邊無夷狄，四海無奸雄，只宜銷五兵鑄金人十二。

聖賢

孔子是五行造身，兩儀成性。其餘聖人，得金氣多者則剛明果斷，得木氣多者則樸素質直，得火氣多者則發揚奮迅，得水氣多者則明徹圓融，得土氣多者則鎮靜渾厚，得陽氣多者則光明軒豁，得陰氣多者則沉默精細。氣質既有所限，雖造其極，終是一偏底聖人。此七子者，共事多不相合，共言多不相入，所同者大根本，大節目耳。

孔顏窮居，不害其為仁覆天下，何則？仁覆天下之具在我，而仁覆天下之心未嘗一日忘也。

聖人不落氣質，賢人不渾厚便直方，便著了氣質色相；聖人不帶風土，賢人生燕趙則慷慨，生吳越則寬柔，就染了風土氣習。

性之聖人，只是個與理相忘，與道為體，不待思惟，橫行直撞，恰與時中吻合。反之，聖人常常小心，循規蹈矩，前望後顧，才執得中字，稍放鬆，便有過不及之差。是以希聖君子心上，無一時任情恣意處。

聖人一，聖人全，一則獨詣其極，全則各臻其妙。惜哉！至人有聖人之功，而無聖人之全者，囿於見也。

所貴乎剛者，貴其能勝己也，非以其能勝人也。子路不勝其好勇之私，是為勇字所伏，終不成個剛者。聖門稱剛者誰？吾以為恂恂之顏子，其次魯鈍之曾子而已，餘無聞也。

天下古今一條大路，曰大中至正，是天造地設的。這個路上古今不多幾人走，曰堯、舜、禹、湯、文、武、周、孔、顏、曾、思、孟，其餘識得的，周、程、張、朱，雖走不到盡頭，畢竟是這路上人。將這個路來比較古今人，雖伯夷、伊、惠也是異端，更那說那佛、老、楊、墨、陰陽術數諸家。若論個分曉，伯夷、伊、惠是旁行的，佛、老、楊、墨是斜行的，陰陽星數是歧行的。本原處都從正路起，卻念頭一差，走下路去，愈遠愈繆。所以說，異端言本原不異而發端異也。何也？佛之虛無是吾道中寂然不動差去，老之無為是吾道中守約施博差去，為我是吾道中正靜自守差去，兼愛是吾道中萬物一體差去，陰陽家是吾道中敬授人時差去，術數家是吾道中至誠前知差去。看來大路上人，時為佛，時為老，時為楊，時為墨，時為陰陽術數，是合數家之所長。岔路上人，佛是佛，老是老，楊是楊，墨是墨，陰陽術數是陰陽術數，殊失聖人之初意。譬之五味不適均，不可以專用也，四時不錯行，不可以專令也。

聖人之道不奇，才奇便是賢者。

戰國是個慘酷的氣運，巧偽的世道，君非富強之術不講，臣非功利之策不行，六合正氣獨鍾在孟子身上。故在當時疾世太嚴，憂民甚切。

清任和時，是孟子與四聖人議定的謚法。祖術堯、舜，憲章文、武，上律天時，下襲水土，是子思作仲尼的贊語。

聖賢養得天所賦之理完，仙家養得天所賦之氣完。然出陽脫殼，仙家未嘗不死，特留得此氣常存。性盡道全，聖賢未嘗不死，只是為此理常存。若修短存亡，則又繫乎氣質之厚薄，聖賢不計也。

賢人之言視聖人未免有病，此其大較耳。可怪俗儒見說是聖人語，便迴護其短而推類以求通；見說是賢人之言，便洗索其疵而深文以求過。設有附會者從而欺之，則陽虎優孟皆失其真，而不免徇名得象之譏矣。是故儒者要認理，理之所在，雖狂夫之言，不異於聖人。聖人豈無出於一時之感，而不可為當然不易之訓者哉？

堯舜功業如此之大，道德如此之全，孔子稱贊不啻口出。在堯舜心上有多少缺然不滿足處！道原體不盡，心原趁不滿，勢分不可強，力量不可勉，聖人怎放得下？是以聖人身囿於勢分，力量之中，心長於勢分、力量之外，才覺足了，便不是堯舜。

伊尹看天下人無一個不是可憐的，伯夷看天下人無一個不是可惡的，柳下惠看天下人無個不是可與的。

浩然之氣孔子非無，但用的妙耳。孟子一生受用全是這兩字。我嘗云：「孟於是浩然之氣，孔於是渾然之氣。渾然是浩然的歸宿。浩然是渾然的作用。惜也！孟子未能到渾然耳。」

聖學專責人事，專言實理。

二女試舜，所謂書不可盡信也，且莫說玄德升聞，四岳共薦。以聖人遇聖人，一見而人品可定，一語而心理相符，又何須試？即帝艱知人，還須一試，假若舜不能諧二女，將若之何？是堯輕視骨肉，而以二女為市貨也，有是哉？

自古功業，惟孔孟最大且久。時雍風動，今日百姓也沒受用處，賴孔孟與之發揮，而堯舜之業至今在。

堯舜周孔之道，如九達之衢，無所不通；如代明之日月，無所不照。其餘有所明，必有所昏，夷、尹、柳下惠昏於清、任、和，佛氏昏於寂，老氏昏於嗇，楊氏昏於義，墨氏昏於仁，管、商昏於法。其心有所向也，譬之鶻鵃知南；其心有所厭也，譬之盍旦惡夜。豈不純然成一家人物？競是偏氣。

堯舜禹文周孔，振古聖人，無一毫偏倚，然五行所鍾，各有所厚，畢竟各人有各人氣質。堯敦大之氣多，舜精明之氣多，禹收斂之氣多，文王柔嘉之氣多，周公文為之氣多，孔子莊嚴之氣多，熟讀經史自見。若說天縱聖人，如太和元氣流行，略不沾著一些四時之氣，純是德性，用事不落一毫氣質，則六聖人須索一個氣象，無毫髮不同方是。

讀書要看聖人氣象性情。〈鄉黨〉見孔子氣象十九。至其七情，如回非助我，牛刀割雞，見其喜處；由之瑟，由之使門人為臣，憮然於沮溺之對，見其怒處；喪予之慟，獲麟之泣，見其哀處；侍側言志之問，與人歌和之時，見其樂處；山梁雌雉之歎，見其愛處；斥由之佞，答子貢「君子有惡」之語，見其惡處；周公之夢，東周之想，見其欲處。便見他發而皆中節處。

費宰之辭，長府之止，看閔子議論，全是一個機軸，便見他和悅而諍。處人論事之法，莫妙於閔子，天生底一段中平之氣。

聖人妙處，在轉移人不覺。賢者以下，便露圭角，費聲色做出來，只見張皇。

或問：「孔孟周流，到處欲行其道，似技癢底？」曰：「聖賢自家看的分數，真天生出我來，抱千古帝王道術，有旋乾轉坤手投，只兀兀家居，甚是自負，所以遍行天下，以求遇夫可行之君。既而天下皆無一遇，猶有九夷浮海之思，公山佛肸之往。夫子豈真欲如此？只見吾道有起死回生之力，天下有垂死欲生之民，必得君而後術可施也。譬之他人孺子入井，與己無干，既在井畔，又知救法，豈忍袖手？」

明道答安石，能使愧屈，伊川答子由，遂激成三黨，可以觀二公所得。

休作世上另一種人，形一世之短。聖人也只是與人一般，才使人覺異樣，便不是聖人。

平生不作圓軟態，此是丈夫。能軟而不失剛方之氣，此是大丈夫。聖賢之所以分也。

聖人於萬事也，以無定體為定體，以無定用為定用，以無定見為定見，以無定守為定守。賢人有定體，有定用，有定見，有定守。故聖人為從心所欲，賢人為立身行己，自有法度。

聖賢之私書，可與天下人見；密事，可與天下人知；不意之言，可與天下人聞；暗室之中，可與天下人窺。

好問、好察時，著一我字不得，此之謂能忘。執兩端時，著一人字不得，此之謂能定。欲見之施行，略無人己之嫌，此之謂能化。

無過之外，更無聖人；無病之外，更無好人。賢智者於無過之外求奇，此道之賊也。

積愛所移，雖至惡不能怒，狃於愛故也；積惡所習，雖至感莫能回，狃於惡故也。惟聖人之用情不狃。

聖人有功於天地，只是人事二字。其盡人事也，不言天命，非不知回天無力，人事當然，成敗不暇計也。

或問：「狂者動稱古人，而行不掩言，無乃行本顧言乎？孔子奚取焉？」曰：「此與行不顧言者人品懸絕。譬之於射，立拱把於百步之外，九矢參連，此養由基能事也。羿夫拙射，引弦之初，亦望拱把而從事焉，即發，不出十步之遠，中不近方丈之鵠，何害其為志士？又安知日關弓，月抽矢，白首終身，有不為由基者乎？是故學者貴有志，聖人取有志。狷者言尺行尺，見寸守寸，孔子以為次者，取其守之確，而恨其志之隘也。今人安於凡陋，惡彼激昂，一切以行不顧言沮之，又甚者，以言是行非謗之，不知聖人豈有一蹴可至之理？希聖人豈有一朝逕頓之術？只有有志而廢於半途，未有無志而能行跬步者。」或曰：「不言而躬行何如？」曰：「此上智也，中人以下須要講求博學、審問、明辯，與同志之人相砥礪奮發，皆所以講求之也，安得不言？若行不顧言，則言如此，而行如彼，口古人，而心衰世，豈得與狂者同日語哉！」

君子立身行己自有法度，此有道之言也。但法度自堯舜禹湯文武周孔以來只有一個，譬如律令一般，天下古今所共守者。若家自為律，人自為令，則為伯夷、伊尹、柳下惠之法度。故以道為法度者，時中之聖；以氣質為法度者，一偏之聖。

聖人是物來順應，眾人也是物來順應。聖人之順應也，從廓然太公來，故言之應人如響，而吻合乎當言之理；行之應物也，如取諸宮中，而吻合乎當行之理。眾人之順應也，從任情信意來，故言之應人也，好莠自口，而鮮與理合；事之應物也，可否惟欲，而鮮與理合。君子則不然，其不能順應也，不敢以順應也。議之而後言，言猶恐尤也；擬之而後動，動猶恐悔也。卻從存養省察來。噫！今之物來順應者，人人是也，果聖人乎？可哀也已！

聖人與眾人一般，只是盡得眾人的道理，其不同者，乃眾人自異於聖人也。

天道以無常為常，以無為為為。聖人以無心為心，以無事為事。

萬物之情，各求自遂者也。惟聖人之心，則欲遂萬物，而志自遂。

為宇宙完人甚難，自初生以至屬纊，徹頭徹尾無些子破綻尤難，恐亙古以來不多幾人。其餘聖人都是半截人，前面破綻，後來修補，以至終年晚歲，才得乾淨成就了一個好人，還天付本來面目，故曰湯武反之也。曰反，則未反之前便有許多欠缺處。今人有過便甘自棄，以為不可復入聖人境域，不知盜賊也許改惡從善，何害其為有過哉？只看歸宿處成個甚人，以前都饒得過。

聖人低昂氣化，挽回事勢，如調劑氣血，損其侈不益其強，補其虛不甚其弱，要歸於平而已。不平則偏，偏則病，大偏則大病，小偏則小病。聖人雖欲不平，不可得也。

聖人絕四，不惟纖塵微障無處著腳，即萬理亦無作用處，所謂順萬事而無情也。

聖人胸中萬理渾然，寂時則如懸衡鑒，感之則若決江河，未有無故自發一善念。善念之發，胸中不純善之故也。故惟旦晝之牿亡，然後有夜氣之清明。聖人無時不夜氣，是以胸中無無，故自見光景。

法令所行，可以使土偶奔趨；惠澤所浸，可以使枯木萌蘗；教化所孚，可以使鳥獸伏馴；精神所極，可以使鬼神感格，吾必以為聖人矣。

聖人不強人以太難，只是撥轉他一點自然底肯心。

參贊化育底聖人，雖在人類中，其實是個活天，吾嘗謂之人天。

孔子只是一個通，通外更無孔子。

聖人不隨氣運走。不隨風俗走，不隨氣質走。

聖人平天下，不是夷山填海，高一寸還他一寸，低一分還他一分。

聖而不可知之之謂神。不可知，可知之祖也。無不可知做可知，不出無可知，則不可知何所附屬？

只為多了這知覺，便生出許多情緣，添了許多苦惱。落花飛絮豈無死生？他只恁委和委順而已。或曰：「聖學當如是乎？」曰：「富貴、貧賤、壽夭、寵辱，聖人未嘗不落花飛絮之耳。雖有知覺，心不為知覺苦。」

聖人心上，再無分毫不自在處。內省不疚，既無憂懼，外至之患，又不怨尤，只是一段不釋然，卻是畏天命，悲人窮也。

定靜安慮，聖人無一刻不如此。或曰：「喜怒哀樂到面前何如？」曰：「只恁喜怒哀樂，定靜安慮，胸次無分毫加損。」

有相予者，謂面上部位多貴，處處指之。予曰：「所憂不在此也。汝相予一心，要包藏得天下理，相予兩肩，要擔當得天下事，相予兩腳，要踏得萬事定，雖不貴，子奚憂？不然，予有愧於面也。」

物之入物者染物，入於物者染於物；惟聖人無所入，萬物亦不得而入之。惟無所入，故無所不入。惟不為物入，故物亦不得而離之。

人於吃飯穿衣，不曾說我當然不得不然，至於五常百行，卻說是當然不得不然，又竟不能然。

孔子七十而後從心，六十九歲未敢從也。眾人一生只是從心，從心安得好？聖學戰戰兢兢，只是降伏一個從字，不曰戒慎恐懼，則曰憂勤惕勵，防其從也。豈無樂時，樂也只是樂天。眾人之樂則異是矣。任意若不離道，聖賢性不與人殊，何苦若此？

日之於萬形也，鑑之於萬象也，風之於萬籟也，尺度權衡之於輕重長短也，聖人之於萬事萬物也，因其本然付以自然，分毫我無所與焉。然後感者常平，應者常逸，喜亦天，怒亦天，而吾心之天如故也。萬感劻勷，眾動轇轕，而吾心之天如故也。

平生無一事可瞞人，此是大快樂。

堯舜雖是生知安行，然堯舜自有堯舜工夫。學問但聰明睿智，千百眾人豈能不資見聞，不待思索？朱文公云：聖人生知安行，更無積累之漸。聖人有聖人底積累，豈儒者所能測識哉？

聖人不矯。

聖人一無所昏。

孟子謂文王取之，而燕民不悅則勿取，雖非文王之心，最看得時勢定。文王非利天下而取之，亦非惡富貴而逃之，順天命之予奪，聽人心之向背，而我不與焉。當是時，三分天下才有其二，即武王亦動手不得，若三分天下有其三，即文王亦束手不得。〈勺〉之詩曰：「遵養時晦，時純熙矣，是用大介。」天命人心一毫假借不得。商家根深蒂固，須要失天命人心到極處，周家積功累仁，須要收天命人心到極處，然後得失界限決絕潔淨，無一毫黏帶。如瓜熟自落，栗熟自墜，不待剝摘之力；且莫道文王時動得手，即到武王時，紂又失了幾年人心，武王又收了幾年人心。牧誓武成，取得何等費唇舌！多士多方，守得何等耽驚怕；則武王者，生摘勁剝之所致也。又譬之瘡落痂、雞出卵，爭一刻不得。若文王到武王時定不犯手，或讓位微箕，為南河陽城之避，徐觀天命人心之所屬，屬我，我不卻之使去，不屬我，我不招之使來，安心定志，任其自去來耳。此文王之所以為至德。使安受二分之歸，不惟至德有損，若紂發兵而問，叛人即不勝，文王將何辭？雖萬萬出文王下者，亦不敢安受商之叛國也。用是見文王仁熟智精，所以為宣哲之聖也。

湯禱桑林以身為犧，此史氏之妄也。按湯世十八年旱，至二十三年禱桑林責六事，於是旱七年矣，天乃雨。夫農事冬旱不禁三月，夏旱不禁十日，使湯持七年而後禱，則民已無孑遺矣，何以為聖人？即湯以身禱而天不雨，將自殺，與是絕民也，將不自殺，與是要天也，湯有一身能供幾禱？天雖享祭，寧欲食湯哉？是七年之間，歲歲有旱，未必不禱，歲歲禱雨，未必不應，六事自責，史臣特紀其一時然耳。以人禱，斷斷乎其無也。

伯夷見冠不正，望望然去之，何不告之使正？柳下惠見袒裼裸程，而由由與偕，何不告之使衣？故曰：不夷不惠，君子後身之珍也。

亙古五帝三王不散之精英，鑄成一個孔子，餘者猶成顏、曾以下諸賢。至思、孟，而天地純粹之氣索然一空矣。春秋戰國君臣之不肖也宜哉！後乎此者無聖人出焉。斬孔、孟諸賢之精英，而未盡洩與！

周子謂：「聖可學乎？曰無欲。」愚謂聖人不能無欲，七情中合下有欲。孔子曰己欲立欲達。孟子有云：「廣土眾民，君子欲之。」天欲不可無，人欲不可有。天欲，公也；人欲，私也。周子云「聖無欲」，愚云：「不如聖無私。」此二字者，三氏之所以異也。

聖人沒自家底見識。

對境忘情，猶分彼我，聖人可能入塵不染，則境我為一矣。而渾然無點染，所謂「入水不溺，入火不焚」，非聖人之至者不能也。若塵為我役，化而為一，則天矣。

聖人學問只是人定勝天。

聖人之私，公；眾人之公，私。

聖人無夜氣。

「衣錦尚絅」，自是學者作用，聖人無尚。

聖王不必天而必我，我之天定，而天之天隨之。

生知之聖人不長進。

學問到孔子地位才算得個通，通之外無學問矣。

聖人嘗自視不如人，故天下無有如聖人者，非聖人之過虛也，四海之廣，兆民之眾，其一才一智未必皆出聖人下也。以聖人無所不能，豈無一毫之未至；以眾人之無所能，豈無一見之獨精。以獨精補未至，固聖人之所樂取也。此聖人之心日歉然不自滿足，日汲汲然不已於取善也。

聖人不示人以難法，其所行者，天下萬世之可能者也；其所言者，天下萬世之可知者也。非聖人貶以徇人也，聖人雖欲行其所不能，言其所不知，而不可得也。道本如是，其易知易從也。

品藻

獨處看不破，忽處看不破，勞倦時看不破，急遽倉卒時看不破，驚憂驟感時看不破，重大獨當時看不破，吾必以為聖人。

聖人做出來都是德性，賢人做出來都是氣質，眾人做出來都是習俗，小人做出來都是私欲。

漢儒雜道，宋儒隘道。宋儒自有宋儒局面，學者若入道，且休著宋儒橫其胸中，只讀六經四書而體玩之，久久胸次自是不同。若看宋儒，先看濂溪、明道。

一種人難悅亦難事，只是度量褊狹，不失為君子；一種人易事亦易悅，只是貪污軟弱，不失為小人。

為小人所薦者，辱也；為君子所棄者，恥也。

小人有恁一副邪心腸，便有一段邪見識；有一段邪見識，便有一段邪議論；有一段邪議論，便引一項邪朋黨，做出一番邪舉動。其議論也，援引附會，盡成一家之言，攻之則圓轉遷就而不可破；其舉動也，借善攻善，匿惡濟惡，善為騎牆之計，擊之則疑似牽纏而不可斷。此小人之尤，而借君子之跡者也。此藉君子之名，而濟小人之私者也。亡國敗家，端是斯人。若明白小人，剛戾小人，這都不足恨。所以易惡陰柔，陽只是一個，惟陰險伏而多瑞，變幻而莫測，駁雜而疑似，譬之光天化日，黑白分明，人所共見，暗室晦夜，多少埋伏，多少類象，此陰陽之所以別也。虞廷黜陟，惟曰幽明，其以是夫？

富於道德者不矜事功，猶矜事功，道德不足也；富於心得者不矜聞見，猶矜聞見，心得不足也。文藝自多，浮薄之心也，富貴自雄，卑陋之見也。此二人者，皆可憐也，而雄富貴者更不數於丈夫行。彼其冬烘盛大之態，皆君子之所欲嘔者也。而彼且志驕意得，可鄙孰甚焉？

士君子在塵世中，擺脫得開，不為所束縛；擺脫得淨，不為所污蔑，此之謂天挺人豪。

藏名遠利，夙夜汲汲乎實行者，聖人也。為名修，為利勸，夙夜汲汲乎實行者，賢人也。不占名標，不尋利孔，氣昏志惰，荒德廢業者，眾人也。炫虛名，漁實利，而內存狡獪之心，陰為鳥獸之行者，盜賊也。

圈子裡幹實事，賢者可能；圈子外幹大事，非豪傑不能。或曰：「圈子外可幹乎？」曰：「世俗所謂圈子外，乃聖賢所謂性分內也。人守一官，官求一稱，內外皆若人焉，天下可庶幾矣，所謂圈子內幹實事者也。心切憂世，志在匡時，苟利天下，文法所不能拘，苟計成功，形跡所不必避，則圈子外幹大事者也。識高千古，慮週六合，挽末世之頹風，還先王之雅道，使海內復嘗秦漢以前之滋味，則又圈子以上人矣。世有斯人乎？吾將與之共流涕矣。乃若硜硜狃眾見，惴惴循弊規，威儀文辭，燦然可觀，勤慎謙默，居然寡過，是人也，但可為高官耳，世道奚賴焉？

達人落葉窮通，浮雲生死；高士睥睨古今，玩弄六合；聖人古今一息，萬物一身；眾人塵棄天真，腥集世味。

陽君子取禍，陰君子獨免；陽小人取禍，陰小人得福。陽君子剛正直方，陰君子柔嘉溫厚；陽小人暴慶放肆，陰小人奸回智巧。

古今士率有三品：上士不好名，中士好名，下士不知好名。

上士重道德，中士重功名，下士重辭章，斗筲之人重富貴。

人流品格，以君子小人定之，大率有九等，有君子中君子，才全德備，無往不宜者也。有君子，優於德而短於才者也。有善人，恂雅溫樸，僅足自守，識見雖正，而不能自決，躬行雖力，而不能自保。有眾人，才德識見俱無足取，與世浮沉，趨利避害，碌碌風俗中無自表異。有小人，偏氣邪心，惟己私是殖，苟得所欲，亦不害物。有小人中小人，貪殘陰狠，恣意所極，而才足以濟之，斂怨怙終，無所顧忌。外有似小人之君子，高峻奇絕，不就俗檢，然規模弘遠，小疵常類，不足以病之。有似君子之小人，老詐濃文，善藏巧借，為天下之大惡，占天下之大名，事幸不敗當時，後世皆為所欺，而竟不知者。有君子小人之間，行亦近正而偏，語亦近道而雜，學圓通便近於俗，尚古樸則入於腐，寬便姑息，嚴便猛鷙。是人也，有君子之心，有小人之過者也，每至害道，學者戒之。

有俗檢，有禮檢。有通達，有放達。君子通達於禮檢之中，騷士放達於俗檢之外。世之無識者，專以小節細行定人品，大可笑也。

上才為而不為，中才只見有為，下才一無所為。

心術平易，制行誠直，語言疏爽，文章明達，其人必君子也。心術微曖，制行詭秘，語言吞吐，文章晦澀，其人亦可知矣。

有過不害為君子，無過可指底，真則聖人，偽則大奸，非鄉愿之媚世，則小人之欺世也。

從欲則如附羶，見道則若嚼蠟，此下愚之極者也。

有涵養人，心思極細，雖應倉卒，而胸中依然暇豫，自無粗疏之病。心粗便是學不濟處。

功業之士，清虛者以為粗才，不知堯、舜、禹、湯、皋、夔、稷、契功業乎？清虛乎？飽食暖衣而工騷墨之事，話玄虛之理，謂勤政事者為俗吏，謂工農桑者為鄙夫，此敝化之民也，堯舜之世無之。

觀人括以五品：高、正、雜、庸、下。獨行奇識曰高品，賢智者流。擇中有執曰正品，聖賢者流。有善有過曰雜品，勸懲可用。無短無長曰庸品，無益世用。邪偽二種曰下品，慎無用之。

氣節信不過人，有出一時之感慨，則小人能為君子之事；有出於一念之剽竊，則小人能盜君子之名。亦有初念甚力，久而屈其雅操，當危能奮，安而喪其平生者，此皆不自涵養中來。若聖賢學問，至死更無破綻。

無根本底氣節，如酒漢毆人，醉時勇，醒時索然，無分毫氣力。無學問底識見，如庖人煬灶，面前明，背後左右無一些照顧，而無知者賞其一時，惑其一偏，每擊節歎服，信以終身。吁！難言也。

眾惡必察，是仁者之心。不仁者聞人之惡，喜談樂道。疏薄者聞人之惡，深信不疑。惟仁者知惡名易以污人，而作惡者之好為誣善也，既察為人所惡者何人，又察言者何心，又察致惡者何由，耐心留意，獨得其真，果在位也，則信任不疑，果不在位也，則舉辟無貳，果為人所中傷也，則扶救必力。嗚呼！此道不明久矣。

黨錮諸君，只是褊淺無度量。身當濁世，自處清流，譬之涇渭，不言自別。正當遵海濱而處，以待天下之清也，卻乃名檢自負，氣節相高，志滿意得，卑視一世而踐踏之，譏謗權勢而狗彘之，使人畏忌。奉承愈熾愈驕，積津要之怒，潰權勢之毒，一朝而成載胥之凶，其死不足惜也。《詩》稱「明哲保身」，孔稱「默足有容」、「免於刑戮」，豈貴貨清市值，甘鼎鑊如飴哉？中、陳二子，得之郭林宗幾矣。顧廚、俊及，吾道中之罪人也，僅愈於卑污耳。若張儉則又李膺、范滂之罪人，可誅也夫！

問：「嚴子陵何如？」曰：「富貴利達之世，不可無此種高人，但朋友不得加於君臣之上。五臣與舜同僚友，今日比肩，明日北面而臣之，何害其為聖人？若有用世之才，抱憂世之志，朋時之所講求，正欲大行竟施，以康天下，孰君孰臣，正不必爾。如欲遠引高蹈，何處不可藏身，便不見光武也得，既見矣，猶友視帝，而加足其腹焉，恐道理不當如是，若光武者則大矣。

見是賢者，就著意迴護，雖有過差，都向好邊替他想；見是不賢者，就著意搜索，雖有偏長，都向惡邊替他想，自宋儒以來率坐此失。大段都是個偏識見，所謂好而不知其惡，惡而不知其美者。惟聖人便無此失，只是此心虛平。

蘊藉之士深沉，負荷之士弘重，斡旋之士圓通，康濟之士精敏。反是皆凡才也，即聰明辯博無補焉。

君子之交怕激，小人之交怕合。斯二者，禍人之國，其罪均也。

聖人把得定理，把不得定勢。是非，理也。成敗，勢也。有勢不可為而猶為之者，惟其理而已。知此則三仁可與五臣比事功，孔子可與堯舜較政治。

未試於火，皆純金也。未試於事，皆完人也。惟聖人無往而不可。下聖人一等皆有所不足，皆可試而敗。夫三代而下人物，豈甚相遠哉？生而所短不遇於所試，則全名定論，可以蓋棺，不幸而偶試其所不足，則不免為累。夫試不試之間，不可以定人品也。故君子觀人不待試，而人物高下，終身事業不爽分毫，彼其神識自在世眼之外耳。

世之頹波，明知其當變，狃於眾皆為之而不敢動；事之義舉，明知其當為，狃於眾皆不為而不敢動，是亦眾人而已。提抱之兒得一果餅，未敢輒食，母嘗之而後入口，彼不知其可食與否也。既知之矣，猶以眾人為行止，可愧也！夫惟英雄豪傑不徇習以居非，能違俗而任道，夫是之謂獨復。嗚呼！此庸人智巧之士，所謂生事而好異者也。

士氣不可無，傲氣不可有。士氣者，明於人己之分，守正而不詭隨。傲氣者，昧於上下之等，好高而不素位。自處者每以傲人為士氣，觀人者每以士氣為傲人。悲夫！故惟有士氣者能謙己下人。彼傲人者昏夜乞哀，或不可知矣。

體解神昏、志消氣沮，天下事不是這般人幹底。接臂抵掌，矢志奮心，天下事也不是這般人幹底。干天下事者，智深勇沉、神閒氣定，有所不言，言必當，有所不為，為必成。不自好而露才，不輕試以倖功，此真才也，世鮮識之。近世惟前二種人，乃互相譏，識者胥笑之。

賢人君子，那一種人裡沒有？鄙夫小人，那一種人裡沒有？世俗都在那爵位上定人品，把那邪正卻作第二著看。今有僕隸乞丐之人，特地做忠孝節義之事，為天地間立大綱常，我當北面師事之；環視達官貴人，似俛首居其下矣。論到此，那富貴利達與這忠孝節義比來，豈直太山鴻毛哉？然則匹夫匹婦未可輕，而下士寒儒其自視亦不可渺然小也。故論勢分，雖抱關之吏，亦有所下以伸其尊。論性分，則堯舜與途人可揖讓於一堂。論心談道，孰貴孰賤？孰尊孰卑？故天地間惟道貴，天地間人惟得道者貴。

山林處士，常養一個傲慢輕人之象，常積一腹痛憤不平之氣，此是大病痛。

好名之人充其心，父母兄弟妻子都顧不得，何者？名無兩成，必相形而後顯。葉人證父攘羊，陳仲子惡兄受鵝，周澤奏妻破戒，皆好名之心為之也。

世之人，常把好事讓與他人做，而甘居已於不肖，又要掠個好名兒在身上，而詆他人為不肖。悲夫！是益其不肖也。

理聖人之口易，理眾人之口難。聖人之口易為眾人，眾人之口難為聖人，豈直當時之毀譽，即千古英雄豪傑之士，節義正直之人，一入議論之家，彼臧此否，各騁偏執，互為雌黃。譬之舞文吏，出入人罪，惟其所欲，求其有大公至正之見，死者復生，而響服者幾人？是生者肆口，而死者含冤也。噫！使臧否人物者，而出於無聞之士，猶昔人之幸也。彼擅著作之名，號為一世人傑，而立言不慎，則是獄成於廷尉，就死而莫之辯也，不仁莫大焉。是故君子之論人，與其刻也寧恕。

正直者必不忠厚，忠厚者必不正直。正直人植綱常扶世道，忠厚人養和平培根本。然而激天下之禍者，正直之人；養天下之禍者，忠厚之過也。此四字兼而有之，惟時中之聖。

露才是士君子大病痛，尤莫甚於飾才。露者，不藏其所有也。飾者，虛剽其所無也。

士有三不顧：行道濟時，人顧不得愛身，富貴利達，人顧不得愛德，全身遠害，人顧不得愛天下。

其事難言而於心無愧者，寧滅其可知之跡。故君子為心受惡，太伯是已。情有所不忍，而義不得不然者，寧負大不韙之名。故君子為理受惡，周公是已。情有可矜，而法不可廢者，寧自居於忍以伸法。故君子為法受惡，武侯是已。人皆為之，而我獨不為，則掩其名以分謗。故君子為眾受惡，宋子罕是已。

不欲為小人，不能為君子。畢竟作甚麼人？曰：眾人。既眾人，當與眾人伍矣，而列其身名於士大夫之林可乎？故眾人而有士大夫之行者榮，士大夫而為眾人之行者辱。

天之生人，雖下愚亦有一竅之明，聽其自為用。而極致之，亦有可觀，而不可謂之才。所謂才者，能為人用，可圓可方，能陰能陽，而不以己用者也，以己用皆偏才也。

心平氣和而有強毅不可奪之力，秉公持正而有圓通不可拘之權，可以語人品矣。

從容而不後事，急遽而不失容，脫略而不疏忽，簡靜而不涼薄，真率而不鄙俚，溫潤而不脂韋，光明而不淺浮，沉靜而不陰險，嚴毅而不苛刻，周匝而不煩碎，權變而不譎詐，精明而不猜察，亦可以為成人矣。

厚德之士能掩人過，盛德之士不令人有過。不令人有過者，體其不得已之心，知其必至之情，而預遂之者也。

烈士死志，守士死職，任士死怨，忿士死鬥，貪士死財，躁士死言。

知其不可為而遂安之者，達人智士之見也；知其不可為而猶極力以圖之者，忠臣孝子之心也。

無識之士有三恥：恥貧，恥賤，恥老。或曰：「君子獨無恥與？」曰：「有恥。親在而貧恥，用賢之世而賤恥，年老而德業無聞恥。」

初開口便是煞尾語，初下手便是盡頭著，此人大無含蓄，大不濟事，學者戒之。

一個俗念頭，一雙俗眼目，一口俗話說，任教聰明才辯，可惜錯活了一生。

或問：「君子小人，辯之最難？」曰：「君子而近小人之跡，小人而為君子之態，此誠難辯。若其大都，則如皂白不可掩也。君子容貌敦大老成，小人容貌浮薄瑣屑。君子平易，小人蹺蹊；君子誠實，小人奸詐；君子多讓，小人多爭；君子少文，小人多態。君子之心正直光明，小人之心邪曲微暧。君子之言雅淡質直，惟以達意；小人之言鮮濃柔澤，務於可人。君子與人親而不昵，直諒而不養其過；小人與人狎而致情，諛悅而多濟其非。君子處事可以盟天質日，雖骨肉而不阿；小人處事低昂世態人情，雖昧理而不顧。君子臨義慷慨當前，惟視天下國家人物之利病，其禍福毀譽了不關心；小人臨義則觀望顧忌，先慮爵祿身家妻子之便否，視社稷蒼生漫不屬己。君子事上，禮不敢不恭，難使枉道；小人事上，身不知為我，側意隨人。君子御下，防其邪而體其必至之情；小人御下，遂吾欲而忘彼同然之願。君子自奉節儉恬雅，小人自奉汰侈彌文。君子親賢愛士，樂道人之善；小人嫉賢妒能，樂道人之非。如此類者，色色頓殊。孔子曰「患不知人」，吾以為終日相與，其類可分，雖善矜持，自有不可掩者在也。

今之論人者，於辭受，不論道義，只以辭為是，故辭寧矯廉，而避貪愛之嫌。於取與，不論道義，只以與為是，故與寧傷惠，而避吝嗇之嫌。於怨怒不論道義，只以忍為是，故禮雖當校，而避無量之嫌。義當明分，人皆病其訣，而以倨傲矜陵為節概；禮當持體，人皆病其倨，而以過禮足恭為盛德。惟儉是取者，不辯禮有當豐；惟默是貴者，不論事有當言。此皆察理不精，貴賢知而忘其過者也。噫！與不及者誠有間矣，其賊道均也。

狃淺識狹聞，執偏見曲說，守陋規格套，斯人也，若為鄉里常人，不足輕重，若居高位有令名，其壞世教不細。

以粗疏心看古人親切之語，以煩躁心看古人靜深之語，以浮泛心看古人玄細之語，以淺狹心看古人博洽之語，便加品騭，真孟浪人也。

文姜與弒桓公，武后滅唐子孫，更其國廟，此二婦者，皆國賊也，而祔葬於墓，祔祭於廟，禮法安在？此千古未反一大案也。或曰：「子無廢母之義。」噫！是言也，閭閻市井兒女之識也。以禮言，三綱之重等於天地，天下共之。子之身，祖廟承繼之身，非人子所得而有也。母之罪，宗廟君父之罪，非人子所得而庇也。文姜、武后，莊公、中宗安得而私之？以情言，弒吾身者與我同丘陵，易吾姓者與我同血食；祖父之心悅乎？怒乎？對子而言，則母尊；對祖父而言，則吾母臣妾也。以血屬而言，祖父我同姓，而母異姓也。子為母忘身可也，不敢讎；雖殺我可也，不敢讎。宗廟也，父也，我得而專之乎？。專祖父之廟以濟其私，不孝；重生我之恩，而忘祖父之讎，亦不孝；不體祖父之心，強所讎而與之共土同牢，亦不孝。二婦之罪當誅，吾為人子不忍行，亦不敢行也。有為國討賊者，吾不當聞，亦不敢罪也。不誅不討，為吾母者，逋戮之元凶也。葬於他所，食於別宮，稱后夫人，而不係於夫，終身哀悼，以傷吾之不幸而已。莊公、中宗，皆昏庸之主，吾無責矣。吾恨當時大臣陷君於大過而不顧也。或曰：「葬我小君文姜。夫子既許之矣，子何罪焉？」曰：「此胡氏失仲尼之意也。仲尼蓋傷魯君臣之昧禮，而特著其事，以示譏爾。曰『我』言不當我而我之也，曰『小君』言不成小君而小君之也，與歷世夫人同書而不異其詞，仲尼之心豈無別白至此哉？不然，姜氏會齊侯，每行必書其惡，惡之深如此，而肯許其為『我小君』耶？」或曰：「子狃於母重而不敢不尊，臣狃於君命而不敢不從，是亦權變之禮耳。」余曰：「否！否！宋桓夫人出耳，襄公立而不敢迎其母，聖人不罪襄公之薄恩，而美夫人之守禮。況二婦之罪瀰漫宇宙，萬倍於出者，臣子忘祖父之重，而尊一罪大惡極之母，以伸其私，天理民彝滅矣。道之不明，一至是哉！余安得而忘言？」

平生無一人稱譽，其人可知矣。平生無一人詆毀，其人亦可知矣。大如天，聖如孔子，未嘗盡可人意。是人也，無分君子小人皆感激之，是在天與聖人上，賢耶？不肖耶？我不可知矣。

尋行數墨，是頭巾見識，慎步矜趨，是釵裙見識，大刀闊斧，是丈夫見識，能方能圓、能大能小，是聖人見識。

春秋人，計可否，畏禮義，惜體面。戰國人，只是計利害，機械變詐，苟謀成計得，顧甚體面？說甚羞恥？

太和中發出，金石可穿，何況民物，有不孚格者乎？

自古聖賢，孜孜汲汲，惕勵憂勤，只是以濟世安民為己任，以檢身約己為先圖。自有知以至於蓋棺，尚有未畢之性分，不了之心緣，不惟孔、孟，雖佛、老、墨翟、申、韓，皆有一種斃而後已念頭，是以生不為世間贅疣之物，死不為幽冥浮蕩之鬼。乃西晉王衍輩一出，以身為懶散之物，百不經心，放蕩於禮法之外，一無所忌，以浮談玄語為得聖之清，以滅理廢教為得道之本，以浪遊於山水之間為高人，以銜杯於糟麴之林為達士，人廢職業，家尚虛無，不止亡晉，又開天下後世登臨題詠之禍；長惰慢放肆之風，以至於今。追原亂本，益開釁於莊、列、而基惡於巢、由。有世道之責者，宜知所戒矣。

微子抱祭器歸周，為宗祀也。有宋之封，但使先王血食，則數十世之神靈有托，我可也，箕子可也，但屬子姓者一人亦可也，若曰事異姓以苟富貴而避之嫌，則淺之乎其為識也。惟是箕子可為夷齊，而《洪範》之陳、朝鮮之封，是亦不可以已乎？曰：「繫累之臣，釋囚訪道，待以不臣之禮，而使作賓，固聖人之所不忍負也。此亦達節之一事，不可為後世宗臣借口。」

無心者公，無我者明。當局之君子，不如旁觀之眾人者，有心有我之故也。

君子豪傑，戰兢惕勵，當大事勇往直前；小人豪傑放縱恣睢，拼一命，橫行直撞。

老子猶龍，不是尊美之辭，蓋變化莫測，淵深不露之謂也。

樂要知內外。聖賢之樂在心，故順逆窮通，隨處皆泰；眾人之樂在物，故山溪花鳥，遇境才生。

可恨讀底是古人書，作底是俗人事。

言語以不肖而多，若皆上智人，更不須一語。

能用天下而不能用其身，君子惜之。善用其身者，善用天下者也。

粗豪人也自正氣，但一向恁底，便不可與入道。

學者不能徙義改過，非是不知，只是積慵久慣。自家由不得自家，便沒一些指望。若真正格致了，便由不得自家，欲罷不能矣。

孔、孟以前人物只是見大，見大便不拘攣小家勢，人尋行數墨，使殺了只成就個狷者。

終日不歇口，無一句可議之言，高於緘默者，百倍矣。

越是聰明人，越教誨不得。

強恕，須是有這恕心才好。勉強推去，若視他人饑寒痛楚，漠然通不動心，是恕念已無，更強個甚？還須是養個恕出來，才好與他說強。

盜莫大於瞞心昧己，而竊劫次之。

明道受用處，陰得之佛、老，康節受用處，陰得之莊、列，然作用自是吾儒。蓋能奴僕四氏，而不為其所用者。此語人不敢道，深於佛、老、莊、列者，自然默識得。

鄉愿是似不是偽，孟子也只定他個似字。今人卻把似字作偽字看，不惟欠確，且末減了他罪。

不當事，不知自家不濟。才隨遇長，識以窮精。坐談先生只好說理耳。

沉溺了，如神附，如鬼迷，全由不得自家，不怕你明見真知。眼見得深淵陡澗，心安意肯底直前撞去，到此翻然跳出，無分毫黏帶，非天下第一大勇不能。學者須要知此。

巢父、許由，世間要此等人作甚？荷蕢、晨門、長沮、桀溺，知世道已不可為，自有無道則隱一種道理。巢、由一派，有許多人皆污濁堯、舜，穢吐皐、夔，自謂曠古高人，而不知不仕無義，潔一身以病天下，吾道之罪人也。且世無巢、許，不害其為唐虞，無堯、舜、皐、夔、巢、許，也沒安頓處，誰成就你個高人？

而今士大夫聚首時，只問我輩奔奔忙忙、熬熬煎煎，是為天下國家，欲濟世安民乎？是為身家妻子，欲位高金多乎？世之治亂，民之死生，國之安危，只於這兩個念頭定了。嗟夫！吾輩日多而世益苦，吾輩日貴而民日窮，世何貴於有吾輩哉？

只氣盛而色浮，便見所得底淺。邃養之人，安詳沉靜，豈無慷慨激切，發強剛毅時，畢竟不輕恁的。

以激為直，以淺為誠，皆賢者之過。

評品古人，必須胸中有段道理，如權平衡直，然後能稱輕重。若執偏見曲說，昧於時不知其勢，責其病不察其心，未嘗身處其地，未嘗心籌其事，而曰某非也，某過也，是瞽指星、聾議樂，大可笑也。君子恥之。

小勇噷燥，巧勇色笑，大勇沉毅，至勇無氣。

為善去惡是，趨吉避凶，惑矣。陰陽異端之說也，祀非類之鬼，禳白致之災，祈難得之福，泥無損益之時日，宗趨避之邪術。悲夫！愚民之抵死而不悟也。即悟之者，亦狃天下皆然，而不敢異。至有名公大人，尤極信尚。嗚呼！反經以正邪慝，將誰望哉？

夫物愚者真，智者偽；愚者完，智者喪。無論人，即鳥之返哺，雉之耿介嗚鳩，均平專一，睢鳩和而不流，雁之貞靜自守，騶虞之仁，獬豸之隸正嫉邪，何嘗有矯偽哉？人亦然，人之全其天者，皆非智巧者也。才智巧，則其天漓矣；漓則其天可奪，惟愚者之天不可奪。故求道真，當求之愚；求不二心之臣以任天下事，亦當求之愚。夫愚者何嘗不智哉？愚者之智，純正專一之智也。

面色不浮，眼光不亂，便知胸中靜定，非久養不能。《禮》曰：「儼若思，安定辭，善形容，有道氣象矣。」

於天理汲汲者，於人欲必淡；於私事耽耽者，於公務必疏；於虛文燁燁者，於本實必薄。

聖賢把持得義字最乾淨，無分毫利字干擾。眾人才有義舉，便不免有個利字來擾亂。利字不得，便做義字不成。

道，自孔、孟以後，無人識三代以上面目。漢儒無見於精，宋儒無見於大。

有憂世之實心，泫然欲淚，有濟世之實才，施處輒宜。斯人也，我願為曳履執鞭。若聚談紙上微言，不關國家治忽；爭走塵中眾轍，不知黎庶死生，即品格有清濁，均於宇宙無補也。

安重深沉是第一美質。定天下之大難者，此人也。辯天下之大事者，此人也。剛明果斷次之。其他浮薄好任，翹能自喜，皆行不逮者也。即見諸行事，而施為無術，反以僨事，此等只可居談論之科耳。

任有七難：繁任，要提綱挈領，宜綜核之才。重任，要審謀獨斷，宜鎮靜之才。急任，要觀變會通，宜明敏之才。密任，要藏機相可，宜周慎之才。獨任，要擔當執持，宜剛毅之才。兼任，要任賢取善，宜博大之才。疑任，要內明外朗，宜駕馭之才。天之生人，各有偏長。國家之用人，備用群長。然而投之所向輒不濟事者，所用非所長，所長非所用也。

操進退用舍之權者，要知大體。若專以小知觀人，則卓犖奇偉之士都在所遺。何者？敦大節者不為細謹，有遠略者或無小才，肩巨任者或無捷識；而聰明材辯、敏給圓通之士，節文習熟、聞見廣洽之人，類不能裨緩急之用。嗟夫！難言之矣。士之遇不遇，顧上之所愛憎也。

居官念頭有三用：念念用之君民，則為吉士。念念用之套數，則為俗吏。念念用之身家，則為賊臣。

小廉曲謹之士，循塗守轍之人，當太平時，使治一方、理一事，盡能奉職。若定難決疑，應卒蹈險，寧用破綻人，不用尋常人。雖豪悍之魁，任俠之雄，駕御有方，更足以建奇功，成大務。噫！難與曲局者道。

聖人悲時憫俗，賢人痛世疾俗，眾人混世逐俗，小人敗常亂俗。嗚呼！小人壞之，眾人從之，雖憫雖疾，竟無益矣。故明王在上，則移風易俗。

觀人只諒其心，心苟無他跡，皆可原。如下官之供應未備，禮節偶疏，此豈有意簡傲乎？簡傲上官以取罪，甚愚者不為也，何怒之有？供應豐溢，禮節卑屈，此豈敬我乎？將以說我為進取之地也，何感之有？

今之國語鄉評，皆繩人以細行，細行一虧，若不可容於清議，至於大節都脫略廢墜，渾不說起。道之不明，亦至此乎？可歎也已！

凡見識，出於道理者第一，出於氣質者第二，出於世俗者第三，出於自私者為下。道理見識，可建天地，可質鬼神，可推四海，可達萬世，正大公平，光明易簡，此堯舜禹湯文武周孔相與授受者是也。氣質見識，仁者謂之仁，智者謂之智。剛氣多者為賢智，為高明；柔氣多者為沉潛，為謙忍。夷、惠、伊尹、老、莊、申、韓，各發明其質之所近是已。世俗見識，狃於傳習之舊，不辯是非；安於耳目之常，遂為依據。教之則藐不相入，攻之則牢不可破;淺庸卑陋而不可談王道。自秦、漢、唐、宋以來,創業中興,往往多坐此病。故禮樂文章,因陋就簡,紀綱法度,緣勢因時。二帝三王旨趣湣不曾試嘗,邈不入夢寐,可為流涕者,此輩也,己私見識,利害榮辱,橫於胸次,是非可否,迷其本真,援引根據,亦足成一家之說,附會擴充,盡可眩眾人之聽。秦皇本遊觀也,而托言巡狩四嶽;漢武本窮兵也,而托言張皇六師。道自多歧,事有兩端,善辯者不能使服,不知者皆為所惑。是人也,設使旁觀,未嘗不明,惟是當局,便不除己,其流之弊,至於禍國家亂世道而不顧,豈不大可憂大可懼哉?故聖賢蹈險履危,把自家搭在中間;定議決謀,把自家除在外面,即見識短長,不敢自必,不害其大公無我之心也。

凡為外所勝者,皆內不足也;為邪所奪者,皆正不足也。二者如持衡然,這邊低一分,那邊即昂一分,未有毫髮相下者也。

善為名者,借口以掩真心;不善為名者,無心而受惡名。心跡之間,不可以不辯也。此觀人者之所忽也。

自中庸之道不明,而人之相病無終已。狷介之人,病和易者為熟軟,和易之人,病狷介者為乖戾；率真之人，病慎密者為深險，慎密之人，病率真者為粗疏；精明之人，病渾厚者為含糊，渾厚之人，病精明者為苛刻。使質於孔子，吾知其必有公案矣；孔子者，合千聖於一身，萃萬善於一心，隨事而時出之，因人而通變之，圓神不滯，化裁無端。其所自為，不可以教人者也。何也？難以言傳也。見人之為，不以備責也。何也？難以速化也。

觀操存在利害時，觀精力在饑疲時，觀度量在喜怒時，觀存養在紛華時，觀鎮定在震驚時。

人言之不實者十九，聽言而易信者十九，聽言而易傳者十九。以易信之心，聽不實之言，播喜傳之口，何由何跖？而流傳海內，紀載史冊，冤者冤，倖者倖。嗚呼！難言之矣。

孔門心傳，惟有顏子一人，曾子便屬第二等。

名望甚隆，非大臣之福也；如素行無愆，人言不足仇也。

盡聰明底，是盡昏愚，盡木訥底，是盡智慧。

透悟天地萬物之情，然後可與言性。

僧道、宦官、乞丐，未有不許其為聖賢者。我儒衣儒冠且不類儒，彼顧得以嗤之，奈何以為異類也，而鄙夷之乎？

盈山寶玉，滿海珠璣，任人恣意採取，並無禁厲権奪，而束手畏足，甘守艱難，愚亦爾此乎？

告子許大力量，無論可否，只一個不動心，豈無骨氣人所能？可惜，只是沒學問，所謂「其至爾力也」。

千古一條大路，堯舜禹湯文武孔孟由之。此是官路古路，乞人盜跖都有分，都許由，人自不由耳。或曰：「須是跟著數聖人走。」曰：「各人走各人路。數聖人者，走底是誰底路？肯實在走，腳蹤兒自是暗合。」

功士後名，名士後功。三代而下，其功名之士絕少。聖人以道德為功名者也，賢人以功名為功名者也，眾人以富貴為功名者也。

建天下之大事功者，全要眼界大。眼界大則識見自別。

談治道，數千年來只有個唐虞禹湯文武，作用自是不侔。衰周而後，直到於今，高之者為小康，卑之者為庸陋。唐虞時光景，百姓夢也夢不著。創業垂統之君臣，必有二帝五臣之學術而後可。若將後世眼界，立一代規模，如何是好？

一切人為惡，猶可言也，惟讀書人不可為惡。讀書人為惡，更無教化之人矣。一切人犯法，猶可言也，做官人不可犯法。做官人犯法，更無禁治之人矣。

自有書契以來，穿鑿附會，作聰明以亂真者，不可勝紀。無知者，借信而好古之名，以誤天下後世蒼生。不有洞見天地萬物之性情者，出而正之，迷誤何有極哉？虛心君子，寧闕疑可也。

君子當事，則小人皆為君子，至此不為君子，真小人也；小人當事，則中人皆為小人，至此不為小人，真君子也。

小人亦有好事，惡其人則並疵共事；君子亦有過差，好其人則並飾其非，皆偏也。

無欲底有，無私底難。二氏能無情慾，而不能無私。無私無欲，正三教之所分也。此中最要留心理會，非狃於聞見、章句之所能悟也。

道理中作人，天下古今都是一樣；氣質中作人，便自千狀萬態。

論造道之等級，士不能越賢而聖，越聖而天。論為學之志向，不分士、聖、賢，便要希天。

顏淵透徹，曾子敦樸，子思縝細，孟子豪爽。

多學而識，原是中人以下一種學問。故夫子自言多聞，擇其善而從之，多見而識之。教子張多聞闕疑，多見闕殆。教人博學於文。教顏子博之以文。但不到一貫地位，終不成究竟。故頓漸兩門，各緣資性。今人以一貫為入門，上等天資，自是了悟，非所望於中人，其誤後學不細。

無理之言，不能惑世誣人。只是他聰明才辯，附會成一段話說，甚有滋味，無知之人，欣然從之，亂道之罪不細。世間此種話，十居其六七，既博且久，非知道之君子，孰能辯之？

間中都不容髮，此智者之所乘，而愚者之所昧也。

明道在朱、陸之間。

明道不落塵埃，多了看釋、老；伊川終是拘泥，少了看莊、列。

迷迷易悟，明迷難醒。明迷愚，迷明智。迷人之迷，一明則跳脫；明人之迷，明知而陷溺。明人之明，不保其身；迷人之明，默操其柄。明明可與共太平，明迷可與共患憂。

巢、由、披、卷、佛、老、莊、列，只是認得我字真，將天地萬物只是成就我。堯、舜、禹、湯、文、武、孔、孟，只是認得人字真，將此身心性命只是為天下國家。

聞毀不可遽信，要看毀人者與毀於人者之人品。毀人者賢，則所毀者損；毀人者不肖，則所毀者重。考察之年，聞一毀言如獲珙璧，不暇計所從來，枉人多矣。

是眾人，即當取其偏長；是賢者，則當望以中道。

士君子高談闊論，語細探玄，皆非實際，緊要在適用濟事。故今之稱拙鈍者曰不中用，稱昏庸者曰不濟事。此雖諺語口頭，余嘗愧之，同志者，盍亦是務乎？

秀雅溫文，正容謹節，清廟明堂所宜。若蹈湯火，衽金革，食牛吞象之氣，填海移山之志，死孝死忠，千捶百折，未可專望之斯人。

不做討便宜底學問，便是真儒。

千萬人吾往，赫殺老子。老子是保身學問。

親疏生愛憎，愛憎生毀譽，毀譽生禍福。此智者之所耽耽注意，而端人正士之所脫略而不顧者也。此個題目考人品者，不可不知。

精神只顧得一邊，任你聰明智巧，有所密必有所疏。惟平心率物，無毫髮私意者，當疏當密，一準予道，而人自相忘。

讀書，要看三代以上人物是甚學識，甚氣度，甚作用。漢之粗淺，便著世俗；宋之侷促，使落迂腐，如何見三代以前景象？

真是真非，惟是非者知之，旁觀者不免信跡而誣其心，況門外之人，況千里之外，百年之後乎？其不虞之譽，求全之毀，皆愛憎也。其愛憎者，皆恩怨也。故公史易，信史難。

或問：「某公如何？」曰：「可謂豪傑英雄，不可謂端人正士。」問：「某公如何？」

曰：「可謂端人正士，不可謂達節通儒。」達節通儒，乃端人正士中豪傑英雄者也。

名實如形影。無實之名，造物所忌，而矯偽者貪之，闇修者避之。

「遺葛牛羊，亳眾往耕」，似無此事。聖人雖委曲教人，未嘗不以誠心直道交鄰國。桀在則葛非湯之屬國也，奚問其不祀，即知其無犧牲矣。亳之牛羊，豈可以常遺葛伯耶？葛豈真無牛羊耶？有亳之眾，自耕不暇，而又使為葛耕，無乃後世市恩好名、沾沾煦煦者之所為乎？不然，葛雖小，亦先王之建國也，寧至無牛羊粢盛哉？即可以供而不祭，當勸諭之矣。或告之天子，以明正其罪矣。何至遺牛羊往為之耕哉？可以不告天子而滅其國，顧可以不教之，自供祭事，而代之勞且費乎？不然，是多彼之罪，而我得以藉口也。是伯者，假仁義濟貪欲之所為也。孟子此言，其亦劉太王好貨好色之類與？

漢以來儒者一件大病痛，只是是古非今。今人見識作為，不如古人，此其大都。至於風會所宜，勢極所變，禮義所起，自有今人精於古人處。二帝者，夏之古也。夏者，殷之古也。殷者，周之古也。其實制度文為，三代不相祖述，而達者皆以為是。宋儒泥古，更不考古昔真偽，今世是非。只如祭祀一節，古人席地，不便於飲食，故尚簠簋籩豆，其器皆高。

今祭古人用之，從其時也。子孫祭祖考，只宜用祖考常用所宜，而簠簋籩豆是設可乎？古者墓而不墳，不可識也，故不墓祭。後世父母體魄所藏，巍然丘壠，今欲舍人子所睹記者，而敬數寸之木，可乎？則墓祭似不可已也。諸如此類甚多，皆古人所笑者也。使古人生於今，舉動必不如此。

儒者惟有建業立功是難事。自古儒者成名多是講學著述，人未嘗盡試所言，恐試後，縱不邪氣，其實成個事功，不狼狽以敗者定不多人。

而今講學不為明道，只為角勝，字面詞語間，拿住一點半點錯，便要連篇累牘辨個足。這是甚麼心腸？講甚學問？

得人不敢不然之情易，得人自然之情難。秦、漢而後，皆得人不敢不然之情者也。

眾人但於義中尋個利字，再沒於利中尋個義字。

性分、名分不是兩項，盡性分底不傲名分。召之見，不肯見之；召之役，往執役之事。

今之講學者，凌犯名分，自謂高潔。孔子乘田委吏，何嘗不折腰屈膝於大夫之庭乎？噫！道不明久矣。

中高第，做美官，欲得願足，這不是了卻一生事。只是作人不端，或無過可稱，而分毫無補於世，則高第美官反以益吾之恥者也。而世顧以此自多，予不知其何心。

隱逸之士，只優於貪榮戀勢人，畢竟在行道濟時者之下。君子重之，所以羞富貴利達之流也。若高自標榜，塵視朝紳，而自謂清流，傲然獨得，則聖世之罪人也。夫不仕無義，宇宙內皆儒者事，奈之何潔身娛己，棄天下理亂於不聞，而又非笑堯舜稷契之儔哉？使天下而皆我也，我且不得有其身，況有此樂乎？予無用世具，行將老桑麻間，故敢云。

古之論賢不肖者，不曰幽明則曰枉直，則知光明洞達者為賢，隱伏深險者為不肖。真率爽快者為賢，斡旋轉折者為不肖。故賢者如白日青天，一見即知其心事。不肖者如深谷晦夜，窮年莫測其淺深。賢者如疾矢急弦，更無一些回顧。枉者如曲鉤盤繩，不知多少機關。故虞廷曰「黜陟幽明」，孔子曰「舉直錯枉」。觀人者之用明，捨是無所取矣。

品第大臣率有六等，上焉者寬厚深沉，遠識兼照，造福於無形，消禍於未然，無智名勇功，而天下陰受其賜。其次剛明任事，慷慨敢言，愛國如家，憂時如病，而不免太露鋒芒，得失相半。其次恬靜逐時，動循故事，利不能興，害不能除。其次持祿養望，保身固寵，國家安危，略不介懷。其次貪功啟釁，怙寵張威，愎是任情，擾亂國政。其次奸險凶淫，煽虐肆毒，賊傷善類，蠱惑君心，斷國家命脈，失四海人望。

極寬過厚足恭曲謹之人，亂世可以保身，治世可以敦俗。若草昧經綸，倉卒籌畫，荷天下之重，襄四海之難，永百世之休，旋乾轉坤，安民阜物，自有一等英雄豪傑，渠輩當束之高閣。

棄此身操執之常，而以圓軟沽俗譽，忘國家遠大之患，而以寬厚市私恩，巧趨人所未見之利，善避人所未識之害，立身於百禍不侵之地，事成而我有功，事敗而我無咎，此智巧士也，國家奚賴焉！

委罪掠功，此小人事。掩罪誇功，此眾人事。讓美歸功，此君子事。分怨共過，此盛德事。

士君子立身難，是不苟；識見難，是不俗。

十分識見人與九分者說，便不能了悟，況愚智相去不翅倍蓰。而一不當意輒怒而棄之，則皋、夔、稷、契、伊、傅、周、召棄人多矣。所貴乎有識而居人上者，正以其能就無識之人，因其微長而善用之也。

大凡與人情不近，即行能卓越，道之賊也。聖人之道，人情而已。

以林皋安樂懶散心做官，未有不荒怠者。以在家治生營產心做官，未有不貪鄙者。

守先王之大防，不為苟且人開蹊竇，此儒者之操尚也。敷先王之道而布之宇宙，此儒者之事功也。

士君子須有三代以前一副見識，然後可以進退今，權衡道法，可以成濟世之業，可以建不世之功。

矯激之人加卑庸一等，其害道均也。吳季札、陳仲子、時苗、郭巨之類是已。君子矯世俗只到恰好處便止，矯枉只是求直，若過直則彼左枉而我右枉也。故聖賢之如衡，處事與事低昂，分毫不得高下，使天下曉然知大中至正之所在，然後為不詭於道。

曲如煉鐵鉤，直似脫弓弦，不覓封侯貴，何為死道邊。

雅士無奇名，幽人絕隱慝。

題湯陰廟末聯：千古形銷骨已朽，丹心猶自血鮮鮮。

寄所知云：道高毀自來，名重身難隱。

外篇 ·

卷五

治道

治道

廟堂之上，以養正氣為先；海宇之內，以養元氣為本。能使賢人君子無鬱心之言，則正氣培矣；能使群黎百姓無腹誹之語，則元氣固矣。此萬世帝王保天下之要道也。

六合之內，有一事一物相凌奪假借，而不各居其正位，不成清世界；有匹夫匹婦冤抑憤懣，而不得其分願，不成平世界。

天下萬事萬物，皆要求個實用。實用者，與吾身心關損益者也。凡一切不急之物，供耳目之玩好，皆非實用也，愚者甚至喪其實用以求無用。悲夫！是故明君治天下，必先盡革靡文，而嚴誅淫巧。

當事者若執一簿書，尋故事，循弊規，只用積年書手也得。

興利無太急，要左視右盼；革弊無太驟，要長慮卻顧。

苟可以柔道理，不必悻直也；苟可以無為理，不必多事也。

經濟之士，一居言官便一建白，此是上等人，去緘默保位者遠，只是治不古。若非前人議論不精，乃今人推行不力。試稽舊牘，今日我所言，昔人曾道否？若只一篇文章了事，雖奏牘如山，只為紙筆作孽障，架閣上添鼠食耳。夫士君子建白，豈欲文章奕世哉？冀諫行而民受其福也。今詔令刊布遍中外，而民間疾苦自若，當求其故。故在實政不行，而虛文搪塞耳。綜核不力，罪將誰歸？

為政之道，以不擾為安，以不取為與，以不害為利，以行所無事為興廢起敝。

從政自有個大體。大體既立，則小節雖有抵牾，當別作張弛，以輔吾大體之所未備，不可便改弦易轍。譬如待民貴有恩，此大體也，即有頑暴不化者，重刑之，而待民之大體不變。待士有禮，此大體也，即有淫肆不檢者，嚴治之，而待士之大體不變。彼始之寬也，既養士民之惡，終之猛也，概及士民之善，非政也，不立大體故也。

為政，先以扶持世教為主。在上者一舉措間，而世教之隆污、風俗之美惡繫焉。若不管大體何如，而執一時之偏見，雖一事未為不得，而風化所傷甚大，是謂亂常之政。先王慎之。

人情之所易忽，莫如漸；天下之大可畏，莫如漸。漸之始也，雖君子不以為意。有謂其當防者，雖君子亦以為迂。不知其極重不反之勢，天地聖人亦無如之奈何，其所由來者漸也。周、鄭交質，若出於驟然，天子雖孱懦甚，亦必有恚心，諸侯雖豪橫極，豈敢生此念？迨積漸所成，其流不覺，至是故步視千里為遠，前步視後步為近。千里者，步步之積也。是以驟者舉世所驚，漸者聖人獨懼。明以燭之，堅以守之，毫髮不以假借，此慎漸之道也。

君子之於風俗也，守先王之禮而儉約是崇，不妄開事端以貽可長之漸。是故，漆器不至金玉，而刻鏤之不止；黼黻不至庶人，錦繡被牆屋不止。民貧盜起不顧也，嚴刑峻法莫禁也。是故君子謹其事端，不開人情竇，而恣小人無厭之欲。

著令甲者，凡以示天下萬世，最不可草率，草率則行時必有滯礙；最不可含糊，含糊則行者得以舞文；最不可疏漏，疏漏則出於吾令之外者無以憑藉，而行者得以專輒。

築基樹臬者，千年之計也；改弦易轍者，百年之計也；興廢補敝者，十年之計也；堊白黝青者，一時之計也。因仍苟且，勢必積衰。助波覆傾，反以裕蠱。先天下之憂者，可以審矣。

氣運怕盈，故天下之勢不可使之盈。既盈之勢，便當使之損。是故，不測之禍，一朝之忿，非目前之積也，成於勢盈。勢盈者，不可不自損。捧盈卮者，徐行不如少挹。

微者正之，甚者從之。從微則甚，正甚愈甚，天地萬物、氣化人事，莫不皆然。是故，正微從甚，皆所以禁之也。此二帝三王之所以治也。

聖人治天下，常令天下之人精神奮發，意念斂束。奮發，則萬民無棄業，而兵食足，義氣充，平居可以勤國，有事可以捐軀。斂束，則萬民無邪行，而身家重，名檢修。世治則禮法易行，國衰則奸盗不起。後世之民，怠惰放肆甚矣。臣民而怠惰放肆，明主之憂也。

能使天下之人者，惟神、惟德、惟惠、惟威。神則無言無為，而妙應如響。德則共尊共親，而歸附自同。惠則民利其利，威則民畏其法。非是則動眾無術矣。

只有不容己之真心，自有不可易之良法。其處之未必當者，必其思之不精者也。其思之不精者，必其心之不切者也。故有純王之心，方有純王之政。

〈關雎〉是個和平之心，〈麟趾〉是個仁厚之德。只將和平仁厚念頭行政，則仁民愛物，天下各得其所。不然，周官法度，以虛文行之，豈但無益，且以病民。

民胞物與，子厚胸中合下有這段著痛著癢心，方說出此等語。不然，只是做戲的一段，雖是學哭學笑，有甚悲喜？故天下事，只是要心真。二帝三王親親、仁民、愛物，不是向人學得來，亦不是見得道理當如此。曰親、曰仁、曰愛，看是何等心腸，只是這點念頭，懇切殷濃，至誠惻怛，譬之慈母愛子，由不得自家。所以有許多生息愛養之政。悲夫！可為痛哭也已。

為人上者，只是使所治之民，個個要聊生，人人要安分，物物要得所，事事要協宜。這是本然職分。遂了這個心，才得暢然一霎歡，安然一覺睡。稍有一民一物一事不妥貼，此心如何放得下？何者？為一郡邑長，一郡邑皆待命於我者也；為一國君，一國皆待命於我者也；為天下主，天下皆待命於我者也。無以答其望，何以稱此職？何以居此位？夙夜汲汲，圖惟之不暇，而暇於安富尊榮之奉，身家妻子之謀，一不遂心，而淫怒是逞耶？夫付之以生民之寄，寧為盈一己之欲哉？試一反思，便當愧汗。

王法，上承天道，下顧人情，要個大中至正，不容有一毫偏重偏輕之制。行法者，要個大公無我，不容有一毫故出故入之心，則是天也。君臣以天行法，而後下民以天相安。

人情，天下古今所同，聖人懼其肆，特為之立中以防之，故民易從。有亂道者從而矯之，為天下古今所難為之事，以為名高，無識者相與駭異之，崇奬之，以率天下，不知凡於人情不近者，皆道之賊也。故立法不可太激，制禮不可太嚴，責人不可太盡，然後可以同歸於道。不然，是驅之使畔也。

振玩興廢，用重典；懲奸止亂，用重典；齊眾摧強，用重典。

民情有五，皆生於便。見利則趨，見色則愛，見飲食則貪，見安逸則就，見愚弱則欺，皆便於己故也。惟便，則術不期工而自工；惟便，則奸不期多而自多。君子固知其難禁也，而德以柔之，教以諭之，禮以禁之，法以懲之，終日與便為敵，而竟不能衰止。禁其所便，與強其所不便，其難一也。故聖人治民如治水，不能使不就下，能分之使不泛溢而已。堤之使不決，雖堯舜不能。

堯舜無不弊之法，而恃有不弊之身，用救弊之人以善天下之治，如此而已。今也不然，法有九利，不能必其無一害；法有始利，不能必其不終弊。嫉才妒能之人，惰身利口之士，執其一害終弊者訕笑之。謀國不切而慮事不深者，從而附和之。不曰天下本無事，安常襲故何妨，則曰時勢本難為，好動喜事何益。至大壞極弊，瓦解土崩，而後付之天命焉。嗚呼！國家養士何為哉？士君子委質何為哉？儒者以宇宙為分內何為哉？

官多設而數易，事多議而屢更，生民之殃，未知所極。古人慎擇人而久任，慎立政而久行。一年如是，百千年亦如是。不易代、不改政，不弊事、不更法。故百官法守一，不敢作聰明以擅更張；百姓耳目一，不至亂聽聞以乖政令。日漸月漬，莫不遵上之紀綱法度以淑其身，習上之政教號令以成其俗。譬之寒暑不易，而興作者歲歲有持循焉；道路不易，而往來者年年知遠近焉。何其定靜！何其經常！何其相安！何其易行！何其省勞費！或曰：「法久而弊奈何？」曰：「尋立法之本意，而救偏補弊耳。善醫者，去其疾，不易五臟，攻本臟不及四臟；善補者，縫其破不剪餘完，澣其垢不改故製。」

聖明之世，情禮法三者不相忤也。末世，情勝則奪法，法勝則奪禮。

湯武之誥誓，堯舜之所悲，桀紂之所笑也。是豈不示信於民，而白己之心乎？堯舜曰：何待曉曉爾！示民，民不忍不從。桀、紂曰：何待曉曉爾！示民，民不敢不從。觀《書》之誥誓，而知王道之衰矣。世道至湯武，其勢必桀紂，又其勢必至有秦、項、莽、操也。是故維持世道者，不可不慮其流。

聖人能用天下，而後天下樂為之用。聖人以心用天下，以形用心，用者無用者也。眾用之所恃，以為用者也。若與天下競智勇、角聰明，則窮矣。

後世無人才，病本只是學政不修。而今把作萬分不急之務，才振舉這個題目，便笑倒人。官之無良，國家不受其福，蒼生且被其禍。不知當何如處？

聖人感人心，於患難處更驗。蓋聖人平日仁漸義摩，深思厚澤，入於人心者化矣。及臨難處，倉卒之際，何暇思圖，拿出見成的念頭來，便足以捐軀赴義。非曰我以此成名也，我以此報君也。彼固亦不自知其何為而迫切至此也。其次捐軀而志在圖報。其次易感而終難。其次厚賞以激其感。噫！至此而上下之相與薄矣，交孚之志解矣。嗟夫！先王何以得此於人哉？

聖人在上，能使天下萬物，各止其當然之所，而無陵奪假借之患，夫是之謂各安其分，而天地位焉；能使天地萬物各遂其同然之情，而無抑鬱倔強之態，夫是之謂各得其願，而萬物育焉。

民情既溢，裁之為難。裁溢如割駢拇贅疣，人甚不堪。故裁之也，欲令民堪，有漸而已矣。安靜而不震激，此裁溢之道也。故聖王在上，慎所以溢之者，不生民情。禮義以馴之，法制以防之，不使潛滋暴決，此慎溢之道也。二者帝王調劑民情之大機也，天下治亂，恒必由之。

創業之君，當海內屬目傾聽之時，為一切雷厲風行之法。故令行如流，民應如響。承平日久，法度疏闊，人心散而不收，惰而不振，頑而不爽。譬如熟睡之人，百呼若聾；欠倦之身，兩足如跛，惟是盜賊所追，水火所迫，或可猛醒而急奔。是以詔令廢格，政事頹靡，條上者紛紛，申飭者累累，而聽之者若罔聞知，徒多書發之勞，紙墨之費耳。即殺其尤者一人，以號召之，未知肅然改視易聽否。而迂腐之儒，猶曰宜崇長厚，勿為激切。嗟夫！養天下之禍，甚天下之弊者，必是人也。故物垢則澣，甚則改為；室傾則支，甚則改作。中興之君，綜核名實，整頓紀綱，當與創業等而後可。

先王為政，全在人心上用工夫。其體人心，在我心上用工夫。何者？同然之故也。故先王體人於我，而民心得，天下治。

天下之思，莫大於「苟可以」而止。養頹靡不復振之習，成亟重不可反之勢，皆「苟可以」三字為之也。是以聖人之治身也，勤勵不息；其治民也，鼓舞不倦。不以無事廢常規，不以無害忽小失。非多事，非好勞也，誠知夫天下之事，廑未然之憂者尚多；或然之悔懷，太過之慮者猶貽不及之；憂兢慎始之圖者，不免怠終之患故耳。

天下之禍，成於怠忽者居其半，成於激迫者居其半。惟聖人能銷禍於未形，弭思於既著。夫是之謂知微知彰。知微者不動聲色，要在能察幾；知彰者不激怒濤，要在能審勢。嗚呼！非聖人之智，其誰與於此？

精神爽奮，則百廢俱興；肢體怠弛，則百興俱廢。聖人之治天下，鼓舞人心，振作士氣，務使天下之人，如含露之朝葉，不欲如久旱之午苗。

而今不要掀揭天地、驚駭世俗，也須拆洗乾坤、一新光景。

無治人，則良法美意反以殃民；有治人，則弊習陋規皆成善政。故有文武之政，須待文武之君臣。不然，青萍結綠，非不良劍也；烏號繁弱，非不良弓矢也，用之非人，反以資敵。予觀放賑、均田、減糶、檢災、鄉約、保甲、社倉、官牛八政而傷心焉。不肖有司放流，有餘罪矣。

振則須起風雷之〈益〉，懲則須奮剛健之〈乾〉，不如是，海內大可憂矣。

一呼吸間，四肢百骸無所不到；一痛癢間，手足心知無所不通，一身之故也。無論人生，即偶提一線而渾身俱動矣，一脈之故也。守令者，一郡縣之線也。監司者，一省路之線也。君相者，天下之線也。心知所及，而四海莫不精神；政令所加，而萬姓莫不鼓舞者何？提其線故也。令一身有痛癢而不知覺，則為癡迷之心矣。手足不顧，則為痿痹之手足矣。三代以來，上下不聯屬久矣。是人各一身，而家各一情也，死生欣戚不相感，其罪不在下也。

夫民懷敢怒之心，畏不敢犯之法，以待可乘之釁。眾心已離，而上之人且恣其虐以甚之，此桀紂之所以亡也。是以明王推自然之心，置同然之腹，不恃其順我者之跡，而欲得其無怨我者之心。體其意欲而不忍拂，知民之心不盡見之於聲色，而有隱而難知者在也。此所以固結深厚，而子孫終必賴之也。

聖主在上，只留得一種天理、民彝、經常之道在，其餘小道、曲說、異端、橫議，斬然芟除，不遺餘類。使天下之人，易耳改目、洗心濯慮，於一切亂政之術，如再生，如夢覺，若未嘗見聞。然後道德一而風俗同，然後為純王之治。

治世莫先無偽，教民只是不爭。

任是權奸當國，也用幾個好人做公道，也行幾件好事收人心。繼之者，欲矯前人以自高，所用之人，一切罷去，所行之政，一切更張，小人奉承以干進，又從而巧言附和，盡改良法而還弊規焉。這個念頭為國為民乎？為自家乎？果曰為國為民，識見已自聾瞽；果為自家，此之舉動，二帝三王之所不赦者也，更說甚麼事業？

聖人無奇名，太平無奇事，何者？皇錫此極，民歸此極，道德一，風俗同，何奇之有？

勢有時而窮。始皇以天下全盛之威力，受制於匹夫，何者？匹夫者，天子之所恃以成勢者也。自傾其勢，反為勢所傾，故明王不恃蕭牆之防禦，而以天下為藩籬。德之所漸，薄海皆腹心之兵；怨之所結，衽席皆肘腋之寇。故帝王虐民，是自虐其身者也，愛民，是自愛其身者也。覆轍滿前，而驅車者接踵，可慟哉！

如今天下人，譬之驕子，不敢熱氣唐突，便艴然起怒，縉紳稍加綜核，則曰苛刻；學校稍加嚴明，則曰寡恩；軍士稍加斂戢，則曰凌虐；鄉官稍加持正，則曰踐踏。今縱不敢任怨，而廢公法以市恩，獨不可已乎？如今天下事，譬之敝屋，輕手推扶，便愕然咋舌。今縱不敢更張，而毀拆以滋壞，獨不可已乎？

公私兩字，是宇宙的人鬼關。若自朝堂以至閭里，只把持得公字定，便自天清地寧，政清訟息；只一個私字，擾攘得不成世界。

王道感人處，只在以我真誠怛惻之心，體其委曲必至之情。是故不賞而勸，不激而奮，出一言而能使人致其死命，誠故也。

人君者，天下之所依以欣戚者也。一念怠荒，則四海必有廢弛之事，一念縱逸，則四海必有不得其所之民。故常一日之間，幾運心思於四海，而天下尚有君門萬里之歎。苟不察群情之向背，而惟己欲之是恣，嗚呼！可懼也。

天下之存亡繫兩字，曰「天命」。天下之去就繫兩字，曰「人心」。

耐煩則為三王，不耐煩則為五霸。

一人憂，則天下樂；一人樂，則天下憂。

聖人聯天下為一身，運天下於一心。今夫四肢百骸、五臟六腑皆吾身也，痛癢之微，無有不覺，無有不顧。四海之痛癢，豈帝王所可忽哉？夫一指之疔如粟，可以致人之死命。國之存亡不在耳目聞見時，聞見時則無及矣。此以利害言之耳。一身麻木若不是我，非身也。人君者，天下之人君。天下者，人君之天下。而血氣不相通，心知不相及，豈天立君之意耶？

無厭之欲，亂之所自生也。不平之氣，亂之所由成也。皆有國者之所懼也。

用威行法，宜有三豫，一曰上下情通，二曰惠愛素孚，三曰公道難容。如此則雖死而人無怨矣。

第一要愛百姓。朝廷以赤子相付托，而士民以父母相稱謂。試看父母之於赤子，是甚情懷，便知長民底道理。就是愚頑梗化之人，也須耐心漸漸馴服。王者必世而後仁，揣我自己德教，有俄頃過化手段否？奈何以積習慣惡之人，而遽使之帖然我順，一教不從，而遽赫然武怒耶？此居官第一戒也。有一種不可馴化之民，有一種不教而殺之罪。此特萬分一耳，不可以立治體。

天下所望於聖人，只是個安字。聖人所以安天下，只是個平字。平則安，不平則不安矣。

三軍要他輕生，萬姓要他重生。不輕生不能勘亂，不重生易於為亂。

太古之世，上下相忘，不言而信。中古上下求相孚。後世上下求相勝：上用法勝下，下用欺以避法；下以術勝上，上用智以防術。以是而欲求治，胡可得哉？欲復古道，不如一待以至誠。誠之所不孚者，法以輔之，庶幾不死之人心，尚可與還三代之舊乎？

治道尚陽，兵道尚陰；治道尚方，兵道尚圓。是惟無言，言必行；是惟無行，行必竟。易簡明達者，治之用也。有言之不必行者，有言之即行者，有行之後言者，有行之竟不言者，有行之非其所言者。融通變化，信我疑彼者，兵之用也。二者雜施，鮮不敗矣。

任人不任法，此惟堯舜在上，五臣在下可矣。非是而任人，未有不亂者。二帝三王非不知通變宜民、達權宜事之為善也，以為吾常御天下，則吾身即法也，何以法為？惟夫後世庸君具臣之不能興道致治，暴君邪臣之敢於恣惡肆奸也，故大綱細目，備載具陳，以防檢之，以詔示之。固知夫今日之晝一，必有不便於後世之推行也，以為聖子神孫自能師其意，而善用於不窮，且尤足以濟吾法之所未及，庸君具臣，相與守之而不敢變，亦不失為半得。暴君邪臣，即欲變亂而奔髦之，猶必有所顧忌，而法家拂士，亦得執祖宗之成憲，以匡正其惡，而不苟從，暴君邪臣亦畏其義正事核也，而不敢遽肆，則法之不可廢也明矣。

善用威者不輕怒，善用恩者不妄施。

居上之患，莫大於賞無功，赦有罪；尤莫大於有功不賞，而罰及無罪。是故，王者任功罪，不任喜怒；任是非，不任毀譽。所以平天下之情，而防其變也。此有國家者之大戒也。

事有知其當變而不得不因者，善救之而已矣；人有知其當退而不得不用者，善馭之而已矣。

下情之通於上也，如嬰兒之於慈母，無小弗達；上德之及於下也，如流水之於間隙，無微不入。如此而天下亂亡者，未之有也。故壅蔽之奸，為亡國罪首。

不齊，天之道也，數之自然也。故萬物生於不齊，而死於齊。而世之任情厭事者，乃欲一切齊之，是益以甚其不齊者也。夫不齊其不齊，則簡而易治；齊其不齊，則亂而多端。

宇宙有三綱，智巧者不能逃也。一王法，二天理，三公論。可畏哉！

《詩》云：「樂只君子，民之父母。」又曰：「豈弟君子，民之父母。」君子觀於《詩》而知為政之道矣。既成德矣，而誦其童年之小失；既成功矣，而笑其往日之偶敗，皆刻薄之見也。君子不為。任是最愚拙人，必有一般可用，在善用之者耳。

公論，非眾口一詞之謂也。滿朝皆非，而一人是，則公論在一人。

為政者，非謂得行即行，以可行則行耳。有得行之勢，而昧可行之理，是位以濟其惡也。君子謂之賊。

使眾之道，不分職守，則分日月，然後有所責成而上不勞，無所推委而下不奸。混呼雜命，概怒偏勞，此不可以使二人，況眾人乎？勤者苦，惰者逸，訥者冤，辯者欺，貪者飽，廉者饑，是人也，即為人下且不能，而使之為人上，可歎也夫！

世教不明，風俗不美，只是策勵士大夫。

治病要擇良醫，安民要擇良吏。良吏不患無人，在選擇有法，而激勸有道耳。

孔子在魯，中大夫耳，下大夫僚儕也，而猶侃侃。今監司見屬吏，煦煦沾沾，溫之以兒女子之情，才正體統，輒曰示人以難堪，才尚綜核，則曰待人以苛刻。上務以長厚悅下官心，以樹他日之桃李；下務以彌文塗上官耳，以了今日之簿書。吏治安得修舉？民生安得輯寧？憂時者，傷心慟之。

據冊點選，據俸升宮，據單進退，據本題覆，持至公無私之心，守畫一不二之法，此守常吏部也。選人嚴於所用，遷官定於所宜，進退則出精識於撫按之外，題覆則持定見於科道之中，此有數吏部也。外而與士民同好惡，內而與君相爭是非。銓注為地方，不為其人去留；為其人，不為其出身與所恃。品材官，如辨白黑，果黜陟，不論久新。任宇宙於一肩，等富貴於土苴。庶幾哉其稱職矣。嗚呼！非大丈夫孰足以語此？乃若用一人則注聽宰執口胳，退一人則凝視相公眉睫，借公名以濟私，實結士口而灰民心，背公市譽、負國殖身。是人也，吾不忍道之。

藏人為君守財，吏為君守法，其守一也。藏人竊藏以營私，謂之盜。吏以法市恩，不曰盜乎？賣公法以酬私德，剝民財以樹厚交，恬然以為當然，可歎哉！若吾身家，慨以許人，則吾專之矣。

弭盜之末務，莫如保甲；弭盜之本務，莫如教養。故斗米十錢，夜戶不閉，足食之效也。守遺待主，始於盜牛，教化之功也。夫盜，辱名也。死，重法也。而人猶為之，此其罪豈獨在民哉？而惟城池是恃，關鍵是嚴，巡緝是密，可笑也已。

整頓世界，全要鼓舞天下人心。鼓舞人心，先要振作自家神氣。而今提綱挈領之人，奄奄氣不足以息，如何教海內不軟手折腳、零骨懈髓底！

事有大於勞民傷財者，雖勞民傷財亦所不顧。事有不關利國安民者，雖不勞民傷財亦不可為。

足民，王政之大本。百姓足，萬政舉；百姓不足，萬政廢。孔於告子貢以足食，告冉有以富之。孟子告梁王以養生、送死、無憾，告齊王以制田里、教樹畜。堯舜舍此無良法矣。哀哉！

百姓只幹正經事，不怕衣食不豐足。君臣只幹正經事，不怕天下不太平。試問百司庶府所職者何官？終日所幹者何事？有道者可以自省矣。

法至於平靜矣，君子又加之以恕。乃知平者，聖人之公也。恕者，聖人之仁也。彼不平者，加之以深，不恕者，加之以刻，其傷天地之和多矣。

化民成俗之道，除卻身教，再無巧術；除卻久道，再無頓法。

禮之有次第也，猶堂之有階，使人不得驟僭也。故等級不妨於太煩。階有級，雖疾足者不得闊步；禮有等，雖倨傲者不敢凌節。

人才邪正，世道為之也。世道污隆，君相為之也。君人者何嘗不費富貴哉？以正富貴人，則小人皆化為君子；以邪富貴人，則君子皆化為小人。

滿目所見，世上無一物不有淫巧。這淫巧耗了世上多少生成底財貨，誤了世上多少生財底工夫，淫巧不誅，而欲講理財，皆苟且之談也。

天地之財，要看他從來處，又要看他歸宿處。從來處要豐要養，歸宿處要約要節。

將三代以來陋習敝規一洗而更之，還三代以上一半古意，也是一個相業。若改正朔、易服色，都是腐儒作用；葺傾廈，逐頹波，都是俗吏作用，於蒼生奚補？噫！此可與有識者道。

禦戎之道，上焉者德化心孚，其次講信修睦，其次遠駕長驅，其次堅壁清野，其次陰符智運，其次接刃交鋒，其下叩關開市，又其下納幣和親。

為政之道，第一要德感誠孚，第二要令行禁止。令不行，禁不止，與無官無政同，雖堯舜不能治一鄉，而況天下乎！

防奸之法，畢竟疏於作奸之人。彼作奸者，拙則作偽以逃防，巧則就法以生弊，不但去害，而反益其害。彼作者十，而防者一耳。又輕其罪以為未犯者勸，法奈何得行？故行法不嚴，不如無法。

世道有三責：責貴，責賢，責壞綱亂紀之最者。三責而世道可回矣。貴者握風俗教化之權，而首壞以為庶人倡，則庶人莫不象之。賢者明風俗教化之道，而自壞以為不肖者倡，則不肖者莫不象之。責此二人，此謂治本。風教既壞，誅之不可勝誅，故擇其最甚者以令天下，此渭治末。本末兼治，不三年而四海內光景自別。乃今貴者、賢者為教化風俗之大蠹，而以體面寬假之，少嚴則曰苛刻以傷士大夫之體，不知二帝三王曾有是說否乎？世教衰微，人心昏醉，不知此等見識何處來？所謂淫朋比德，相為庇護，以藏其短，而道與法兩病矣。天下如何不敝且亂也？

印書先要個印板真，為陶先要個模子好。以邪官舉邪官，以俗士取俗士，國欲治，得乎？

不傷財，不害民，只是不為虐耳。苟設官而惟虐之慮也，不設官其誰虐之？正為家給人足，風移俗易，興利除害，轉危就安耳。設廉靜寡慾，分毫無損於民，而萬事廢弛，分毫無益於民也，逃不得尸位素餐四字。

天地所以信萬物，聖人所以安天下，只是一個常字。常也者，帝王所以定民志者也。常一定，則樂者以樂為常，不知德；苦者以苦為常，不知怨。若謂當然，有趨避而無恩仇，非有大奸臣凶，不敢輒生饜足之望，忿恨之心，何則？狃於常故也。故常不至大壞極敝，只宜調適，不可輕變，一變則人人生覬覦心，一覬覦則大家引領垂涎，生怨起紛，數年不能定。是以聖人只是慎常，不敢輕變；必不得已，默變，不敢明變；公變，不敢私變；分變，不敢圂變。

紀綱法度，整齊嚴密，政教號令，委曲周詳，原是實踐躬行，期於有實用，得實力。今也，自貪暴者奸法，昏惰者廢法，延及今日萬事虛文，甚者迷製作之本意而不知，遂欲並其文而去之。只今文如學校，武如教場，書聲軍容，非不可觀可聽，將這二途作養人用出來，令人哀傷憤懣欲死。推之萬事，莫不皆然。安用縉紳簪纓塞破世間哉？明王不大振作，不苦核實，勢必亂亡而後已。

安內攘外之略，須責之將吏。將吏不得其人，軍民且不得其所，安問夷狄？是將吏也，養之不善，則責之文武二學校，用之不善，則責吏兵兩尚書。或曰：「養有術乎？」曰：「何患於無術？儒學之大壞極矣，不十年不足以望成材。武學之不行久矣，不十年不足以求名將。至於遴選於未用之先，條責於方用之際，綜核於既用之後，黜陟於效不效之時，盡有良法，可旋至而立有驗者。

而今舉世有一大迷，自秦、漢以來，無人悟得。官高權重，原是投大遺艱。譬如百鈞重擔，須尋烏獲來擔；連雲大廈，須用大木為柱。乃朝廷求賢才，借之名器以任重，非朝廷市私恩，假之權勢以榮人也。今也崇階重地，用者以為榮，人重以予其所愛，而固以吝於所疏，不論其賢不賢。其用者以為榮己，未得則眼穿涎流以干人，既得則捐身鏤骨以感德，不計其勝不勝。旁觀者不論其官之稱不稱，人之宜不宜，而以資淺議驟遷，以格卑議冒進，皆視官為富貴之物，而不知富貴之也，欲以何用？果朝廷為天下求人耶？抑君相為士人擇官耶？此三人者，皆可憐也。叔季之世生人，其識見固如此可笑也！

漢始興，郡守某者，御州兵，常操之內，免操二月，繼之者罷操，又繼之者常給之外，冬加酒銀人五錢，又繼之者加肉銀人五錢，又繼之者加花布銀人一兩。倉庫不足，括稅給之，猶不足，履畝加賦給之。兵不見德也，而民怨又繼之者，曰：「加吾不能，而損吾不敢。」竟無加。兵相與鼓噪曰：「郡長無恩。」率怨民以叛，肆行攻掠。元帝命刺史按之，報曰：「郡守不職，不能撫鎮軍民，而致之叛。」竟棄市。嗟夫！當棄市者誰耶？識治體者為之傷心矣。

人情不論是非利害，莫不樂便己者，惡不便己者。居官立政，無論殃民，即教養諄諄，禁令惓惓，何嘗不欲其相養相安、免禍遠罪哉？然政一行，而未有不怨者。故聖人先之以躬行，浸之以口語，示之以好惡，激之以賞罰，日積月累，耐意精心，但盡薰陶之功，不計俄頃之效，然後民知善之當為，惡之可恥，默化潛移，而服從乎聖人。今以無本之令，責久散之民，求旦夕之效，逞不從之怒，忿疾於頑，而望敏德之治，即我且亦愚不肖者，而何怪乎蚩蚩之氓哉？

嘉靖間，南京軍以放糧過期，減短常例，殺戶部侍郎，散銀數十萬，以安撫之。萬曆間，杭州軍以減月糧，又給以不通行之錢，欲殺巡撫不果，既而軍驕，散銀萬餘乃定。後嚴火夫夜巡之禁，寬免士夫而繩督市民，既而民變，殺數十人乃定。鄖陽巡撫以風水之故，欲毀參將公署為學宮，激軍士變，致毆兵備副使幾死，巡撫被其把持，奏疏上，必露章明示之乃得行。陝西兵以冬操太早，行法太嚴，再三請寬，不從，謀殺撫按總兵不成。論者曰：「兵驕卒悍如此，奈何？」余曰：「不然，工不信度而亂常規，恩不下究而犯眾怒，罪不在軍也。上人者，體其必至之情，寬其不能之罪，省其煩苛之法，養以忠義之教，明約束、信號令，我不負彼而彼奸，吾令即殺之，彼有愧懼而已。鳥獸來必無知覺，而謂三軍之士無良心可乎？亂法壞政，以激軍士之暴，以損國家之威，以動天下之心，以開無窮之釁，當事者之罪，不容誅矣。裴度所謂韓洪輿疾討賊，承宗斂手削地。非朝廷之力能制其死命，特以處置得宜，能服其心故耳。處置得宜四字，此統大眾之要法也。

霸者，豪強威武之名，非奸盜詐偽之類。小人之情，有力便挾力，不用偽，力不足而濟以謀，便用偽。若力量自足以壓服天下，震懾諸侯，直恁做將去，不怕他不從，便靠不到智術上，如何肯偽？王霸以誠偽分，自宋儒始。其實誤在五伯假之，以力假仁，二「假」字上，不知這假字只是借字。二帝三王以天德為本，便自能行仁，夫焉有所倚？霸者要做好事，原沒本領，便少不得借勢力以行之，不然，令不行、禁不止矣，乃是借威力以行仁義。故孟子曰：「以力假仁者霸。」以其非身有之，故曰假借耳。人之服之也，非為他智能，愚人沒奈他威力何，只得服他。服人者，以強；服於人者，以偽。管、商都是霸佐，看他作用，都是威力制縛人，非略人，略賣人者。故夫子只說他器小，孟子只說他功烈，如彼其卑。而今定公孫鞅罪，只說他慘刻，更不說他奸詐。如今官府教民，遷善遠罪，只靠那刑威，全是霸道，他有甚詐偽？看來王霸考語，自有見成公案。曰以德以力，所行底門面都是一般仁義，如五禁之盟，二帝三王，難道說他不是？難道反其所為？他只是以力行之耳。德力二字最確，誠偽二字未穩，何也？王霸是個粗分別，不消說到誠偽上。若到細分別處，二帝三王，便有誠偽之分，何況霸者？

驟制則小者未必貼服，以漸則天下豪傑皆就我羈靮矣。明制則愚者亦生機械，默制則天下無智巧皆入我範圍矣。此馭夷狄待小人之微權，君子用之則為術知，小人用之則為智巧，舍是未有能濟者也。或曰：「何不以至誠行之？」曰：「此何嘗不至誠？但不淺露輕率耳。孔子曰：『機事不密則害成。』此之謂與？」

迂儒識見，看得二帝三王事功，只似陽春雨露，嫗煦可人，再無一些冷落嚴肅之氣。便是慈母，也有訶罵小兒時，不知天地只恁陽春，成甚世界？故雷霆霜雪不備，不足以成天；威怒刑罰不用，不足以成治。只五臣耳，還要一個皐陶。而二十有二人，猶有四凶之誅。今只把天德王道看得恁秀雅溫柔，豈知殺之而不怨，便是存神過化處。目下作用，須是汗吐下後，服四君子四物百十劑，才是治體。

三公示無私也，三孤示無黨也，九卿示無隱也。事無私曲，心無閉藏，何隱之有？嗚呼！顧名思義，官職亦少稱矣。

要天下太平，滿朝只消三個人，一省只消兩個人。

賢者只是一味，聖人備五味。一味之人，其性執，其見偏，自有用其一味處，但當因才器使耳。

天之氣運有常，人依之以事作，而百務成；因之以長養，而百病少。上之政體有常，則下之志趨定，而漸可責成。人之耳目一，而因以寡過。

君子見獄囚而加禮焉。今以後皆君子人也，可無敬與？噫！刑法之設，明王之所以愛小人，而示之以君子之路也。然則囹圄者，小人之學校與？

小人只怕他有才，有才以濟之，流害無窮。君子只怕他無才，無才以行之，斯世何補？

事有便於官吏之私者，百世常行，天下通行，或日盛月新，至瀰漫而不可救。若不便於己私，雖天下國家以為極，便屢加申飭，每不能行，即暫行亦不能久。負國負民，吾黨之罪大矣。

恩威當使有餘，不可窮也。天子之恩威，止於爵三公、夷九族。恩威盡，而人思以勝之矣。故明君養恩不盡，常使人有餘榮；養威不盡，常使人有餘懼。此久安長治之道也。

封建自五帝已然，三王明知不便，勢與情不得不用耳。夏繼虞，而諸侯無罪，安得廢之？湯放桀，費征伐者十一國，餘皆服從，安得而廢之？武伐紂，不期而會者八百，其不會者，或遠或不聞，亦在三分有二之數，安得而廢之？使六國尊秦為帝，秦亦不廢六國。緣他不肯服，勢必畢六王而後已。武王興滅繼絕，孔子之繼絕舉廢，亦自其先世曾有功德，及滅之，不以其罪言之耳。非謂六師所移及九族無血食者，必求復其國也。故封建不必是，郡縣不必非。郡縣者，無定之封建；封建者，有定之郡縣也。

刑禮非二物也，皆令人遷善而去惡也。故遠於禮，則近於刑。

上德默成，示意而已。其次示觀，動其自然。其次示聲色。其次示是非，使知當然。其次示毀譽，使不得不然。其次示禍福。其次示賞罰。其次示生殺，使不敢不然。蓋至於示生殺，而御世之術窮矣。叔季之世，自生殺之外無示也。悲夫！

權之所在，利之所歸也。聖人以權行道，小人以權濟私。在上者慎以權與人。

太平之時，文武將吏習於懶散，拾前人之唾餘，高談闊論，盡似真才。乃稍稍艱，大事到手，倉皇迷悶，無一幹濟之術，可歎！可恨！士君子平日事事講求，在在體驗，臨時只辦得三五分，若全然不理會，只似紙舟塵飯耳。

聖人之殺，所以止殺也。故果於殺，而不為姑息。故殺者一二，而所全活者千萬。後世之不殺，所以滋殺也。不忍於殺一二，以養天下之奸，故生其可殺，而生者多陷於殺。嗚呼！後世民多犯死，則為人上者，婦人之仁為之也。世欲治得乎？

天下事，不是一人做底，故舜五臣，周十亂，其餘所用，皆小德小賢，方能興化致治。天下事，不是一時做底，故堯舜相繼百五十年，然後黎民於變。文武周公相繼百年，然後教化大行。今無一人談治道，而孤掌欲鳴。一人倡之，眾人從而詆訾之；一時作之，後人從而傾圮之。嗚呼！世道終不三代耶？振教鐸以化，吾儕得數人焉，相引而在事權，庶幾或可望乎？

兩精，兩備，兩勇，兩智，兩愚，兩意，則多寡強弱在所必較。以精乘雜，以備乘疏，以勇乘怯，以智乘愚，以有餘乘不足，以有意乘不意，以決乘二三，以合德乘離心，以銳乘疲，以慎乘怠，則多寡強弱非所論矣。故戰之勝負無他，得其所乘與為人所乘，其得失不啻百也。實精也，而示之以雜；實備也，而示之以疏；實勇也，而示之以怯；實智也，而示之以愚；實有餘也，而示之以不足；實有意也，而示之以不意；實有決也，而示之以二三；實合德也，而示之以離心；實銳也，而示之以疲；實慎也，而示之以怠，則多寡強弱亦非所論矣。故乘之可否無他，知其所示，知其無所示，其得失亦不啻百也。故不藏其所示，凶也。

誤中於所示，凶也。此將家之所務審也。

守令於民，先有知疼知熱，如兒如女，一副真心腸，甚麼愛養曲成事業做不出。只是生來沒此念頭，便與說綻唇舌，渾如醉夢。

兵士二黨，。近世之隱憂也。士黨易散，兵黨難馴，看來亦有法處。我欲三月而令可殺，殺之可令心服而無怨，何者？罪不在下故也。

或問：「宰相之道？」曰：「無私有識。」「塚宰之道？」曰：「知人善任使。」

當事者，須有賢聖心腸，英雄才識。其謀國憂民也，出於惻怛至誠；其圖事揆策也，必極詳慎精密、躊躕及於九有，計算至於千年，其所施設，安得不事善功成、宜民利國？今也懷貪功喜事之念，為孟浪苟且之圖，工粉飾彌縫之計，以遂其要榮取貴之奸，為萬姓造殃不計也，為百年開釁不計也，為四海耗蠹不計也，計吾利否耳。嗚呼！可勝歎哉！

為人上者，最怕器局小，見識俗。吏胥輿皂，盡能笑人，不可不慎也。

為政者，立科條，發號令，寧寬些兒，只要真實行，永久行。若法極精密，而督責不嚴，綜核不至，總歸虛彌，反增煩擾。此為政者之大戒也。

民情不可使不便，不可使甚便。不便則壅閼而不通，甚者令之不行，必潰決而不可收拾；甚便則縱肆而不檢，甚者法不能制，必放溢而不敢約束。故聖人同其好惡，以體其必至之情，納之禮法，以防其不可長之漸。故能相安相習，而不至於為亂。

居官只一個快性，自家討了多少便宜，左右省了多少負累，百姓省了多少勞費。

自委質後，終日做底是朝廷官，執底是朝廷法，幹底是朝廷事。榮辱在君，愛憎在人，進退在我。吾輩而今錯處，把官認作自家官，所以萬事顧不得，只要保全這個在，扶持這個尊，此雖是第二等說話，然見得這個透，還算五分人。

銛矛而秫梃，金矢而秸弓，雖有周官之法度，而無奉行之人，典訓謨訓何益哉？

二帝三王功業，原不難做，只是人不曾理會。譬之遙望萬丈高峰，何等巍峨，他地步原自逶迤，上面亦不陡峻，不信只小試，一試便見得。

洗漆以油，洗污以灰，洗油以膩，去小人以小人，此古今妙手也。昔人明此意者幾？故以君子去小人，正治之法也。正治是堂堂之陣，妙手是玄玄之機。玄玄之機，非聖人不能用也。

吏治不但錯枉，去慵懦無用之人，清仕，路之最急者。長厚者誤國蠹民，以相培植，奈何？

余佐司寇日，有罪人情極可恨，而法無以加者，司官曲擬重法，余不可。司官曰：「非私惡也，以懲惡耳。」余曰：「謂非私惡誠然，謂非作惡可乎？君以公惡輕重法，安知他日無以私惡輕重法者乎？刑部只有個法字，刑官只有個執字，君其慎之！」

有聖人於此，與十人論爭，聖人之論是矣，十人亦各是己論以相持，莫之能下。旁觀者至有是聖人者，有是十人者，莫之能定。必有一聖人至，方是聖人之論；而十人者，旁觀者，又未必以後至者為聖人，又未必是聖人之是聖人也，然則是非將安取決哉？〈昊天〉詩人，怨王惑於邪謀，不能斷以從善。噫！彼王也，未必不以邪謀為正謀，為先民之經，為大猶之程。當時在朝之臣，又安知不謂大夫為邪謀，為邇言也？是故執兩端而用中，必聖人在天子之位，獨斷堅持，必聖人居父師之尊，誠格意孚，不然人各有口，人各有心，在下者多指亂視，在上者蓄疑敗謀，孰得而禁之？孰得而定之？

易衰歇而難奮發者，我也。易懶散而難振作者，眾也。易壞亂而難整飭者，事也。易蠱敝而難久常者，物也。此所以治日常少，而亂日常多也。故為政要鼓舞不倦，綱常張，紀常理。

濫准、株連、差拘、監禁、保押、淹久、解審、照提，此八者，獄情之大忌也，仁人之所隱也。居官者慎之。

養民之政，孟子云：「老者衣帛食肉，黎民不飢不寒。」韓子云：「鰥寡孤獨廢疾者，皆有養也。」教民之道，孟子云：「使契為司徒，教以人倫，父子有親，君臣有義，夫婦有別，長幼有序，朋友有信。放勳曰：『勞之來之，匡之直之，輔之翼之，使自得之，又從而振德之。』」《洪範》曰：「無偏無陂，遵王之義；無有作好，遵王之道；無有作惡，遵王之路；無偏無黨，王道蕩蕩；無黨無偏，王道平平；無反無側，王道正直。會其有極，歸其有極。」予每三復斯言，汗輒浹背；三嘆斯語，淚便交頤。嗟夫！今之民非古之民乎？今之道非古之道乎？抑世變若江河，世道終不可反乎？抑古人絕德，後人終不可及？吾耳目口鼻視古人有何缺欠？爵祿事勢視古人有何靳嗇？俾六合景象若斯，辱此七尺之軀，靦面萬民之上矣。

智慧長於精神，精神生於喜悅，喜悅生於歡愛。故責人者，與其怒之也，不若教之；與其教之也，不若化之。從容寬大，諒其所不能，而容其所不及，恕其所不知，而體其所不欲，隨事講說，隨時開諭。彼樂接引之誠，而喜於所好，感督責之寬，而愧其不材，人非木石，無不長進。故曰：「敬敷五教在寬。」又曰：「無忿疾於頑。」又曰：「匪怒伊教。」又曰：「善誘人。」今也不令而責之豫，不言而責之意，不明而責之喻，未及令人，先懷怒意，梃詬恣加，既罪矣，而不詳其故，是兩相仇、兩相苦也，智者之所笑，而有量者之所羞也。為人上者切宜戒之。

德立行成了，論不得人之貴賤、家之富貧、分之尊卑。自然上下格心，大小象指，歷山耕夫，有甚威靈氣焰？故曰：「默而成之，不言而信，存乎德行。」

寬人之惡者，化人之惡者也；激人之過者，甚人之過者也。

五刑不如一恥，百戰不如一禮，萬勸不如一悔。

舉大事，動眾情，必協眾心而後濟。不能盡協者，須以誠意格之，懇言入之。如不格不入，須委曲以求濟事。不然，彼其氣力智術足以撼眾而敗吾之謀，而吾又以直道行之，非所以成天下之務也。古之人，神謀鬼謀，以卜以筮，豈真有惑於不可知哉？定眾志也，此濟事之微權也。

世間萬物皆有欲，其欲亦是天理人情。天下萬世公共之心，每憐萬物有多少不得其欲處，有餘者，盈溢於所欲之外而死，不足者，奔走於所欲之內而死，二者均俱生之道也。常思天地生許多人物，自足以養之，然而不得其欲者，正緣不均之故耳。此無天地不是處，宇宙內自有任其責者。是以聖王治天下，不說均就說平，其均平之術，只是絜矩，絜矩之方，只是個同好惡。

做官都是苦事，為官是苦人，官職高一步，責任便大一步，憂勤便增一步。聖人胼手胝足，勞心焦思，惟天下之安而後樂，是樂者，樂其所苦者也。眾人快欲適情，身尊家潤，惟富貴之得而後樂，是樂者，樂其所樂者也。

法有定，而持循之不易，則下之耳目心志習而上逸。無定，則上之指授口頰煩而下亂。

世人作無益事常十九，論有益，惟有暖衣、飽食、安居、利用四者而已。臣子事君親，婦事夫，弟事兄，老慈幼，上惠下，不出乎此。〈豳風〉一章，萬世生人之大法，看他舉動，種種皆有益事。

天下之事，要其終，而後知君子之用心、君子之建立，要其成，後見事功之濟否。可奈庸人俗識，讒夫利口，君子才一施設，輒生議論，或附會以誣其心，或造言以甚其過，是以志趣不堅、人言是恤者，輒灰心喪氣，竟不卒功。識見不真、人言是聽者，輒罷居子之所為，不使終事。嗚呼！大可憤心矣。古之大建立者，或利於千萬世而不利於一時，或利於千萬人而不利於一人，或利於千萬事而不利於一事。其有所費也似貪，其有所勞也似虐，其不避嫌也易以招摘取議。及其成功而心事如青天白日矣，奈之何鑠金銷骨之口，奪未竟之施，誣不白之心哉？嗚呼！英雄豪傑冷眼天下之事，袖手天下之敝，付之長吁冷笑，任其腐潰決裂而不之理，玩日愒月，尸位素餐，而苟且目前以全軀保妻子者，豈得已哉？蓋懼此也。

變法者，變時勢不變道，變枝葉不變本。吾怪夫後之議法者，偶有意見，妄逞聰明，不知前人立法千思萬慮而後決。後人之所以新奇自喜，皆前人之所熟思而棄者也，豈前人之見不及此哉！

鰥寡孤獨、疲癃殘疾、顛連無告之失所者，惟冬為甚。故凡詠紅爐錦帳之歡、忘雪夜呻吟之苦者，皆不仁者也。

天下之財，生者一人，食者九人；興者四人，害者六人。其凍餒而死者，生之人十九，食之人十一。其飽暖而樂者，害之人十九，興之人十一。嗚呼！可為傷心矣。三代之政行，寧有此哉！

居生殺予奪之柄，而中奸細之術以陷正人君子，是受顧之刺客也。傷我天道，殃我子孫，而為他人快意，愚亦甚矣。愚嘗戲謂一友人曰：「能辱能榮，能殺能生，不當為人作荊卿。」一友人謝曰：「此語可為當路藥石。」

秦家得罪於萬世，在變了井田上。春秋以後井田已是十分病民了，但當復十一之舊，正九一之界，不當一變而為阡陌。後世厚取重斂，與秦自不相干。至於貧富不均，開天下奢靡之俗，生天下竊劫之盜，廢比閭族黨之法，使後世十人九貧，死於飢寒者多有，則壞井田之禍也。三代井田之法，能使家給人足、俗儉倫明、盜息訟簡，天下各得其所。只一復了井田，萬事俱理。

赦何為者？以為冤邪，當罪不明之有司；以為不冤邪，當報無辜之死恨。聖王有大慶，雖枯骨罔不蒙恩。今傷者傷矣，死者死矣，含憤鬱鬱莫不欲仇我者，速罹於法，以快吾心，而乃赦之，是何仁於有罪，而不仁於無辜也。將殘賊幸赦而屢逞，善良聞赦而傷心，非聖王之政也。故聖王眚災宥過，不待慶時，其刑故也。不論慶時，夫是之謂大公至正之道。而不以一時之喜濫恩，則法執而小人懼，小人懼則善良得其所。

廟堂之上聚議者，其虛文也。當路者持不虛之成心，循不可廢之故事，特借群在以示公耳。是以尊者嚅囁，卑者唯諾，移日而退。巧於逢迎者觀其頤指意向，而極口稱道，他日驟得殊榮；激於公直者，知其無益有害，而奮色極言，他日中以奇禍。

近世士風，大可哀已。英雄豪傑，本欲為宇宙樹立大綱常、大事業，今也，驅之俗套，繩以虛文，不俯首吞聲以從，惟有引身而退耳。是以道德之士，遠引高蹈，功名之士，以屈養伸。彼在上者，倨傲成習，看下面人，皆王順長息耳。

今四海九州之人，郡異風，鄉殊俗，道德不一故也。故天下皆守先王之禮，事上接下，交際往來，揆事宰物，率遵一個成法，尚安有詆笑者乎？故惟守禮，可以笑人。

凡名器服飾，自天子而下，庶人而上，各有一定等差，不可僭逼。上太殺是謂逼下，下太隆是謂僭上，先王不裁抑以逼下也，而下不敢僭。

禮與刑二者，常相資也，禮先刑後，禮行則刑措，刑行則禮衰。

官貴精不貴多，權貴一不貴分。大都之內，法令不行，則官多權分之故也，故萬事俱馳。

名器於人無分毫之益，而國之存亡、民之死生，於是乎繫。是故，袞冕非暖於綸巾，黃瓦非堅於白屋，別等威者非有利於身，受跪拜者非有益於己，然而聖王重之者，亂臣賊子非此無以防其漸而示之殊也。是故，雖有大奸惡，而以區區之名分折之，莫不失辭喪氣。吁！名器之義大矣哉！

今之用人，只怕無去處，不知其病根在來處。今之理財，只怕無來處，不知其病根在去處。

用人之道，貴當其才；理財之道，貴去其蠹。人君以識深慮遠者謀社稷，以老成持重者養國脈，以振勵明作者起頹敝，以通時達變者調治化，以秉公持正者寄鈞衡，以燭奸嫉邪者為按察，以厚下愛民者居守牧，以智深勇沉者典兵戎，以平恕明允者治刑獄，以廉靜綜核者掌會計，以惜恥養德者司教化，則用人當其才矣。宮妾無慢棄之帛，殿廷無金珠之玩，近侍絕賄賂之通，寵幸無不貲之賞，臣工嚴貪墨之誅，迎送懲威福之濫，工商重淫巧之罰，眾庶謹僭奢之戒，游惰杜倖食之門，緇黃示誑誘之罪，倡優就耕織之業，則理財得其道矣。

古之官人也，擇而後用，故其考課也常恕。何也？不以小過棄所擇也。今之官人也用而後擇，郤又以姑息行之，是無擇也，是容保奸回也。豈不渾厚？哀哉萬姓矣！

世無全才久矣，用人者各因其長可也。夫目不能聽，耳不能視，鼻不能食，口不能臭，勢也。今之用人不審其才之所堪，資格所及，雜然授之。方司會計，輒理刑名；既典文銓，又握兵柄。養之不得其道，用之不當其才，受之者但悅美秩而不自量。以此而求濟事，豈不難哉！夫公綽但宜為老，而裨諶不可謀邑，今之人才豈能倍蓰古昔？愚以為學校養士，科目進人，便當如溫公條議，分為數科，使各學其才之所近，而質性英發能奮眾長者，特設全才一科，及其授官，各任所長。夫資有所近，習有所通，施之政事，必有可觀。蓋古者以仕學為一事，今日分體用為兩截。窮居草澤，止事詞章；一入廟廊，方學政事。雖有明敏之才，英達之識，豈能觀政數月便得每事盡善？不免鹵莽施設，鶻突支吾。苟不大敗，輒得遷升。以此用人，雖堯舜不治。夫古之明體也，養適用之才，致君澤民之術，固已熟於畎畝之中，苟能用我者，執此以往耳。今之學校，可為流涕矣。

官之所居曰任，此意最可玩。不惟取責仕負之義，任者，任也。聽其便宜信任而責成也。若牽制束縛，非任矣。

廝隷之言，直徹之九重，台省以之為臧否，部院以之為進退，世道大可恨也。或訝之。愚曰：「天子之用舍，托之吏部，吏部之賢不肖，托之撫按，撫按之耳目，托之兩司，兩司之心腹，托之守令，守令之見聞，托之皂快，皂快之採訪，托之他邑別郡之皂快。彼其以恩仇為是非，以謬妄為情實，以前令為後宮，以舊愆為新過，以小失為大辜，密報密收，信如金石；愈偽愈詳，獲如至寶。謂夷、由污，謂蹻、跖廉，往往有之。而撫按據以上聞，吏部據以黜陟。一吏之榮辱不足惜，而奪所愛以失民望，培所恨以滋民殃，好惡拂人甚矣。

居官有五要：「休錯問一件事，休屈打一個人，休妄費一分財，休輕勞一夫力，休苟取一文錢。」

吳越之戰利用智，羌胡之戰利用勇。智在相機，勇在養氣。相機者務使鬼神不可知，養氣者務使身家不肯顧，此百勝之道也。

兵以死使人者也。用眾怒，用義怒，用恩怒。眾怒仇在萬姓也，湯武之師是已。義怒以直攻曲也，三軍縞素是已。恩怒感激思奮也，李牧犒三軍，吳起同甘苦是已。此三者，用人之心，可以死人之身，非是皆強驅之也。猛虎在前，利兵在後，以死毆死，不戰安之？然而取勝者倖也，敗與潰者十九。

寓兵於農，三代聖王行之甚好，家家知耕，人人知戰，無論即戎，亦可弭盜，且經數十百年不用兵。說用兵，才用農十分之一耳。何者？有不道之國，則天子命曰：「某國不道，某方伯連師討之。」天下無與也，天下所以享兵農未分之利。春秋以後，諸侯日尋干戈，農胥變而為兵，舍穡不事則吾國貧，因糧於敵則他國貧。與其農胥變而兵也，不如兵農分。

凡戰之道，貪生者死，忘死者生，狃勝者敗，恥敗者勝。

疏法勝於密心，寬令勝於嚴主。

天下之事，倡於作俑而濫於助波鼓焰之徒，至於大壞極敝，非截然毅然者不能救。於是而猶曰循舊安常，無更張以拂人意，不知其可也。

在上者，能使人忘其尊而親之，可謂盛德也已。

因偶然之事，立不變之法；懲一夫之失，苦天下之人。法莫病於此矣。近日建白，往往而然。

禮繁則難行，卒成廢閣之書；法繁則易犯，益甚決裂之罪。

為堯舜之民者，逸於堯舜之臣。唐、虞世界全靠四岳、九官、十二牧，當時君民各享無為之業而已。臣勞之繫於國家也，大哉！是故百官逸則君勞，而天下不得其所。

治世用端人正士，衰世用庸夫俗子，亂世用憸夫佞人。憸夫佞人盛，而英雄豪傑之士不伸。夫惟不伸也，而奮於一伸，遂至於亡天下。故明主在上必先平天下之情，將英雄豪傑服其心志，就我羈靮，不蓄其奮而使之逞。

天下之民，皆朝廷之民，皆天地之民，皆吾民。

愈上則愈聾瞽，其壅蔽者眾也。愈下則愈聰明，其見聞者真也。故論見聞則君之知不如相，相之知不如監司，監司之知不如守令，守令之知不如民。論壅蔽，則守令蔽監司，監司蔽相，相蔽君。惜哉！愈下之真情，不能使愈上者聞之也。

周公是一部活《周禮》，世只有周公不必有《周禮》，使周公而生於今，寧一一用《周禮》哉！愚謂有周公，雖無《周禮》可也，無周公雖有《周禮》不可也。

民鮮恥，可以觀上之德，民鮮畏，可以觀上之威，更不須求之民。

民情甚不可鬱也。防以鬱水，一決則漂屋推山；炮以鬱火，一發則碎石破木。桀、紂鬱民情而湯、武通之，此存亡之大機也。有天下者之所夙夜孜孜者也。

天之生民，非為君也；天之立君，以為民也。奈何以我病百姓？夫為君之道無他，因天地自然之利而為民開尋撙節之，因人生固有之性而為民倡率裁制之，足其同欲，去其同惡，凡以安定之，使無失所，而後立君之意終矣。豈其使一人肆於民上，而剝天下以自奉哉？嗚呼！堯舜其知此也夫。

三代之法，井田、學校，萬世不可廢。世官、封建，廢之已晚矣。此難與不思者道。

聖王同民心而出治道，此成務者之要言也。夫民心之難同久矣。欲多而見鄙，聖王識度，豈能同之？噫！治道以治民也，治民而不同之，其何能從？即從，其何能久？禹之戒舜曰：「罔咈，百姓以從己之欲。」夫舜之欲，豈適己自便哉？以為民也，而曰：「罔咈。」盤庚之遷殷也，再四曉譬；武王之伐紂也，三令五申。必如此而後事克有濟。故曰：「專欲難成，眾怒難犯。」我之欲未必非，彼之怒未必是，聖王求以濟事，則知專之不勝眾也，而不動聲色以因之，明其是非以悟之，陳其利害以動之，待其心安而意順也，然後行之。是謂以天下人成天下事，事不勞而底績。雖然，亦有先發後聞者，亦有不謀而斷者，有擬議已成，料度已審，疾雷迅電，而民不得不然者。此特十一耳、百一耳，不可為典則也。

人君有欲，前後左右之幸也。君欲一，彼欲百，致天下亂亡，則一欲者受禍，而百欲者轉事他人矣。此古今之明鑑，而有天下者之所當悟也。

平之一字極有意味，所以至治之世，只說個天下平。或言：「水無高下，一經流注無不得平。」曰：「此是一味平了。世間千種人，萬般物，百樣事，各有分量，各有差等，只各安其位而無一毫拂淚不安之意，這便是太平。如君說，則是等尊卑貴賤小大而齊之矣，不平莫大乎是。

國家之取士以言也，固將曰：「言如是、行必如是」也。及他日效用，舉背之矣。今閭閻小民，立片紙，憑一人，終其身執所書而責之，不敢二，何也？我之所言，昭然在紙筆間也，人已據之矣。吁！執卷上數千言，憑滿闈之士大夫，且播之天下，視小民片紙何如？奈之何吾資之以進身，人君資之以進人，而自處於小民之下也哉？噫！無怪也。彼固以空言求之，而終身不復責券也。

漆器之諫，非為舜憂也，憂天下後世極欲之君，自此而開其萌也。天下之勢，無必有，有必文，文必靡麗，靡麗必亡。漆器之諫，慎其有也。

矩之不可以不直方也，是萬物之所以曲直斜正也。是故矩無言而萬物則之，無毫髮違直方故也。哀哉！為政之徒言也。

暑之將退也先燠，天之將旦也先晦。投丸於壁，疾則內射，物極則反，不極則不反也。故愚者惟樂其極，智者先懼其反。然則否不害於極，泰極其可懼乎！

余每食雖無肉味，而蔬食菜羹嘗足。因嘆曰：「嗟夫！使天下皆如此而後盜可誅也。」枵腹菜色，盜亦死，不盜亦死。夫守廉而俟死，此士君子之所難也。奈何以不能士君子之行而遂誅之乎？此富民為王道之首務也。

窮寇不可追也，遁辭不可攻也，貧民不可威也。

無事時埋藏著許多小人，多事時識破了許多君子。

法者，御世宰物之神器，人君本天理人情而定之，人君不得與；人臣為天下萬世守之，人臣不得與。譬之執圭捧節，奉持惟謹而已。非我物也，我何敢私？今也不然，人藉之以濟私，請托公行；我藉之以市恩，聽從如響。而辯言亂政之徒又借曰長厚、曰慈仁、曰報德、曰崇尊。夫長厚慈仁當施於法之所不犯，報德崇尊當求諸己之所得為，奈何以朝廷公法，徇人情、伸己私哉？此大公之賊也。

治世之大臣不避嫌，治世之小臣無橫議。

姑息之禍，甚於威嚴，此不可與長厚者道。

卑卑世態，裊裊人情，在下者工，不以道之悅，在上者悅，不以道之工。奔走揖拜之日多，而公務填委；簡書酬酢之文盛，而民事罔聞。時光只有此時光，精神只有此精神，所專在此，則所疏在彼。朝廷設官，本勞己以安民，今也，憂民以相奉矣。

天下存亡係人君喜好，鶴乘軒，何損於民？且足以亡國，而況大於此者乎？

動大眾，齊萬民，要主之以慈愛，而行之以威嚴，故曰：「威克厥愛。」又曰：「一怒而安天下之民。」若姑息寬緩，煦煦沾沾，便是婦人之仁，一些事濟不得。

為政以徇私、弭謗、違道、干譽為第一恥，為人上者，自有應行道理，合則行，不合則去。若委曲遷就，計利慮害，不如奉身而退。孟子謂：「枉尺直尋不可。」推起來，雖枉一寸，直千尺，恐亦未可也。或曰：「處君親之際，恐有當枉處。」曰：「當枉則不得謂之枉矣，是謂權以行經，畢竟是直道而行。」

「與其殺不辜，寧失不經。」此舜時獄也。以舜之聖，皋陶之明，聽比屋可封之民，當淳樸未散之世，宜無不得其情者，何疑而有不經之失哉？則知五聽之法不足以盡民，而疑獄難決自古有之，故聖人寧不明也，而不忍不仁。今之決獄，輒恥不明，而以臆度之見、偏主之失殺人，大可恨也。夫天道好生，鬼神有知，奈何為此？故寧錯生了人，休錯殺了人。錯生則生者尚有悔過之時，錯殺則我亦有殺人之罪。司刑者慎之。

大纛高牙，鳴金奏管，飛旌捲蓋，清道唱騶，輿中之人，志驕意得矣。蒼生之疾苦幾何？職業之修廢幾何？使無愧於心焉，即匹馬單車，如聽鈞天之樂。不然，是益厚吾過也。婦人孺子，豈不驚炫，恐有道者笑之。故君子之車服儀從，足以辨等威而已，所汲汲者，固自有在也。

徇情而不廢法，執法而不病情，居官之妙悟也。聖人未嘗不履正奉公，至其接人處事，大段圓融渾厚，是以法紀不失，而人亦不怨。何者？無躁急之心，而不狃一切之術也。

寬簡二字，為政之大體。不寬則威令嚴，不簡則科條密。以至嚴之法繩至密之事，是謂煩苛暴虐之政也。困己憂民，明王戒之。

世上沒個好做底官，雖抱關之吏，也須夜行早起，方為稱職。才說做官好，便不是做官的人。

罪不當笞，一扑便不是；罪不當怒，一叱便不是。為人上者慎之。

君子之事君也，道則直身而行，禮則鞠躬而盡，誠則開心而獻，禍福榮辱則順命而受。

弊端最不可開，弊風最不可成。禁弊端於未開之先易，挽弊風於既成之後難。識弊端而絕之，非知者不能；疾弊風而挽之，非勇者不能。聖王在上，誅開弊端者以徇天下，則弊風自革矣。

避其來銳，擊其惰歸，此之謂大智，大智者不敢常在我。擊其銳，避其惰歸，此之謂神武，神武者心服常在人。大智者可以常戰，神武者無俟再戰。

御眾之道，賞罰其小者，賞罰小，則大者勸懲；甚者，賞罰甚者費省而人不驚；明者，人所共知；公者，不以己私。如是雖百萬人可為一將用，不然，必勞、必費、必不行，徒多賞罰耳。

為政要使百姓大家相安，其大利害當興革者不過什一，外此只宜行所無事，不可有意立名建功，以求烜赫之譽。故君子之建白，以無智名勇功為第一。至於雷厲風行，未嘗不用，譬之天道然，以沖和鎮靜為常，疾風迅雷，間用之而已。

罰人不盡數其罪，則有餘懼；賞人不盡數其功，則有餘望。

匹夫有不可奪之志，雖天子亦無可奈何。天子但能令人死，有視死如飴者，而天子之權窮矣。然而竟令之死，是天子自取過也。不若容而遂之，以成盛德。是以聖人體群情，不敢奪人之志，以傷天下之心，以成己之惡。

臨民要莊謹，即近習門吏起居常侍之間，不可示之以可慢。

聖王之道，以簡為先，其繁者，其簡之所不能者也。故惟簡可以清心，惟簡可以率人，惟簡可以省人已之過，惟簡可以培壽命之原，惟簡可以養天下之財，惟簡可以不耗天地之氣。

聖人不以天下易一人之命，後世乃以天下之命易一身之尊，悲夫！吾不知得天下將以何為也。

聖君賢相在位，不必將在朝小人一網盡去之，只去元惡大奸，每種芟其甚者一二，示吾意向之所在。彼群小眾邪與中人之可惡者，莫不回心向道，以逃吾之所去，舊惡掩覆不暇，新善積累不及，而何敢怙終以自溺邪？故舉皋陶，不仁者遠；去四凶，不仁者亦遠。

有一種人，以姑息匪人，市寬厚名；有一種人，以毛舉細故，市精明名，皆偏也。聖人之寬厚，不使人有所恃，聖人之精明，不使人無所容，敦大中，自有分曉。

申、韓亦王道之一體，聖人何嘗廢刑名不綜核？四凶之誅，舜之申、韓也；少正卯之誅，侏儒之斬，三都之墮，孔子之申、韓也。即雷霆霜雪，天亦何嘗不申、韓哉？故慈父有梃詬，愛肉有針石。

三千三百，聖人靡文是尚，而勞苦是甘也。人心無所存屬，則惡念潛伏，人身有所便安，則惡行滋長。禮之繁文，使人心有所用而不得他適也，使人觀文得情而習於善也，使人勞其筋骨手足而不偷慢，以養其淫也，使彼此相親相敬，而不傷好以起爭也，是範身聯世、制欲已亂之大防也。故曠達者樂於簡便，一決而潰之，則大亂起。後世之所謂禮者則異是矣，先王情文廢無一在，而乃習容止，多揖拜，寀顏色，柔聲氣，工頌諛，艷交遊，密附耳躡足之語，極籩豆筐之費，工書刺候問之文，君子所以深疾之，欲一洗而入於崇真尚簡之歸，是救俗之大要也。雖然，不講求先王之禮，而一入於放達，樂於簡便，久而不流於西晉者幾希。

在上者無過，在下者多過。非在上者之無過，有過而人莫敢言。在下者非多過，誣之而人莫敢辯。夫惟使人無心言，然後為上者真無過；使人心服，而後為下者真多過也。

為政者貴因時。事在當因，不為後人開無故之端；事在當革，不為後人長不救之禍。

夫治水者，通之乃所以窮之，塞之乃所以決之也。民情亦然。故先王引民情於正，不裁於法。法與情不俱行，一存則一亡。三代之得天下，得民情也；其守天下也，調民情也。順之而使不拂，節之而使不過，是謂之調。

治道之衰，起於文法之盛；弊蠹之滋，始於簿書之繁。彼所謂文法簿書者，不但經生黔首懵不見聞，即有司專職，亦未嘗檢閱校勘。何者？千宗百架，鼠蠹雨浥，或一事反覆異同，或一時互有可否。後欲遵守，何所適從？只為積年老猾媒利市權之資耳，其實於事體無裨，弊蠹無損也。嗚呼！百家之言不火，而道終不明，後世之文法不省，而世終不治。

六合都是情世界，惟朝堂官府為法世界，若也只徇情，世間更無處覓公道。

進賢舉才而自以為恩，此斯世之大惑也。退不肖之怨，誰其當之？失賢之罪，誰其當之？奉君之命，盡己之職，而公法廢於私恩，舉世迷焉，亦可悲矣。

進言有四難：「審人、審己、審事、審時。」一有未審，事必不濟。

法不欲驟變，驟變雖美，駭人耳目，議論之媒也。法不欲硬變，硬變雖美，拂人心志，矯抗之藉也。故變法欲詳審，欲有漸，欲不動聲色，欲同民心而與之反覆其議論。欲心跡如青天白日，欲獨任躬行，不令左右惜其名以行胸臆。欲明且確，不可含糊，使人得持兩可以為重輕。欲著實舉行，期有成效，無虛文搪塞，反貽實害。必如是而後法可變也。不然，寧仍舊貫而損益修舉之。無喜事，喜事人上者之僇也。

新法，非十有益於前，百無慮於後，不可立也。舊法，非於事萬無益，於理大有害，不可更也。要在文者實之，偏者救之，敝者補之，流者反之，怠廢者申明而振作之。此治體調停之中策，百世可循者也。

用三代以前見識而不迂，就三代以後家數而不俗，可以當國矣。

善處世者，要得人自然之情。得人自然之情，則何所不得？失人自然之情，則何所不失？不惟帝王為然，雖二人同行，亦離此道不得。

夫坐法堂，厲聲色，侍列武卒，錯陳嚴刑，可生可殺，惟吾所欲為而莫之禁，非不泰然得志也。俄而有狂士直言正色，詆過攻失，不畏尊嚴，則王公貴人為之奪氣。於斯時也，威非不足使之死也，理屈而威以劫之，則能使之死而不能使之服矣。大盜昏夜持利刃而加人之頸，人焉得而不畏哉？伸無理之威以服人，盜之類也，在上者之所恥也。彼以理伸，我以威伸，則彼之所伸者蓋多矣。故為上者之用威，所以行理也，非以行勢也。

禮之一字，全是個虛文，而國之治亂、家之存亡、人之死生、事之成敗，罔不由之。故君子重禮，非謂其能厚生利用人，而厚生利用者之所必賴也。

兵革之用，德化之衰也。自古聖人亦甚盛德，即不過化存神，亦能久道成孚，使彼此相安於無事。豈有四夷不可講信修睦作鄰國邪？何至高城深池以為衛，堅甲利兵以崇誅，侈萬乘之師，靡數百萬之財以困民，塗百萬生靈之肝腦以角力，聖人之智術而止於是邪？將至愚極拙者謀之，其計豈出此下哉？若曰無可奈何不得不爾，無為貴聖人矣。將干羽曲格、因壘崇降，盡虛語矣乎？夫無德化可恃，無恩信可結，而曰去兵，則外夷交侵，內寇嘯聚，何以應敵？不知所以使之不侵不聚者，亦有道否也？古稱「四夷來王，八蠻通道，越裳重譯，日月霜露之所照隳者莫不尊親」，斷非虛語。茍於此而歲歲求之，日日講之，必有良法，何至因天下之平，而為此無可奈何之策哉！

事無定分，則人人各諉其勞而萬事廢，物無定分，則人人各滿其欲而萬物爭。分也者，物各付物，息人奸懶貪得之心，而使事得其理、人得其情者也。分定，雖萬人不須交一言。此修齊治平之要務，二帝三王之所不能外也。

驕慣之極，父不能制子，君不能制臣，夫不能制妻，身不能自制。視死如飴，何威之能加？視恩為玩，何惠之能益？不禍不止。故君子情勝，不敢廢紀綱，兢兢然使所愛者知恩而不敢肆，所以生之也，所以全之也。

物理人情，自然而已。聖人得其自然者以觀天下，而天下之人不能逃聖人之洞察；握其自然者以運天下，而天下之人不覺為聖人所斡旋。即其軌物所繩，近於矯拂，然拂其人欲自然之私，而順其天理自然之公。故雖有倔強錮蔽之人，莫不憬悟而馴服，則聖人觸其自然之機，而鼓其自然之情也。

監司視小民藹然，待左右肅然，待寮寀溫然，待屬官侃然，庶幾乎得體矣。

自委質後，此身原不屬我。朝廷名分，為朝廷守之。一毫貶損不得，非抗也；一毫高亢不得，非卑也。朝廷法紀，為朝廷執之，一毫徇人不得，非固也；一毫任己不得，非葸也。

未到手時，嫌於出位而不敢學；既到手時，迫於應酬而不及學。一世業官苟且，只於虛套搪塞，竟不嚼真味，竟不見成功。雖位至三公，點檢真足愧汗。學者思之。

今天下一切人、一切事，都是苟且做，尋不著真正題目。便認了題目，嘗不著真正滋味。欲望三代之治，甚難。

凡居官，為前人者，無干譽矯情，立一切不可常之法，以難後人；為後人者，無矜能露跡，為一朝即改革之政，以苦前人。此不惟不近人情，政體自不宜爾。若惡政弊規，不防改圖，只是渾厚便好。

將古人心信今人，真是信不過；若以古人至誠之道感今人，今人未必在豚魚下也。

泰極必有受其否者，否極必有受其泰者。故水一壅必決，水一決必涸。世道縱極，必有操切者出，出則不分賢愚，一番人受其敝。嚴極必有長厚者出，出則不分賢愚，一番人受其福。此非獨人事，氣數固然也。故智者乘時因勢，不以否為憂，而以泰為懼。審勢相時，不決裂於一懲之後，而驟更以一切之法。昔有獵者入山，見騶虞以為虎也，殺之，尋復悔。明日見虎以為騶虞也，捨之，又復悔。主時勢者之過於所懲也，亦若是夫。

法多則遁情愈多，譬之逃者，入千人之群則不可覓，入三人之群則不可藏矣。

兵，陰物也；用兵，陰道也，故貴謀。不好謀不成。我之動定敵人不聞，敵之動定盡在我心，此萬全之計也。

取天下，守天下，只在一種人上加意念，一個字上做工夫。一種人是那個？曰民。一個字是甚麼？曰安。

禮重而法輕，禮嚴而法恕，此二者常相權也。故禮不得不嚴，不嚴則肆而入於法；法不得不恕，不恕則激而法窮。

夫禮也，嚴於婦人之守貞，而疏於男子之縱欲，亦聖人之偏也。今輿隸僕僮皆有婢妾娼女，小童莫不淫狎，以為丈夫之小節而莫之問，凌嫡失所，逼妾殞身者紛紛。恐非聖王之世所宜也，此不可不嚴為之禁也。

西門疆尹河西，以賞勸民。道有遺羊，值五百，一人守而待。失者謝之，不受。疆曰：「是義民也。」賞之千。其人喜，他日謂所知曰：「汝遺金，我拾之以還。」所知者從之。以告疆曰：「小人遺金一兩，某拾而還之。」疆曰：「義民也。」賞之二金。其人愈益喜。曰：「我貪，每得利則失名，今也名利兩得，何憚而不為？」

篤恭之所發，事事皆純王，如何天下不平？或曰：才說所發，不動聲色乎？曰：「日月星辰皆天之文章，風雷雨露皆天之政令，上天依舊篤恭在那裡。篤恭，君子之無聲無臭也。無聲無臭，天之篤恭也。」

君子小人，調停則勢不兩立，畢竟是君子易退，小人難除。若攻之太慘，處之太激，是謂土障狂瀾，灰埋烈火。不若君子秉成而擇才以使之，任使不效，而次第裁抑之。我懸富貴之權而示之的曰：「如此則富貴，不如此則貧賤。」彼小人者，不過得富貴耳，其才可以債天下之事，亦可以成天下之功；可激之釀天下之禍，亦可養之興天下之利。大都中人十居八九，其大奸凶極頑悍者亦自有數。棄人於惡而迫之自棄，俾中人為小人，小小人為大小人，甘心抵死而不反顧者，則吾黨之罪也。噫！此難與君子道，三代以還，覆轍一一可鑒。此品題人物者，所以先器識也。

當多事之秋，用無才之君子，不如用有才之小人。

肩天下之任者，全要個氣，御天下之氣者，全要個理。

無事時，惟有邱民好蹂踐，自吏卒以上，人人得而魚肉之。有事時，惟有邱民難收拾，雖天子亦無躲避處，何況衣冠？此難與誦詩讀書者道也。

余居官有六自簿：「均徭先令自審，均地先令自丈，未完令其自限，紙贖令其自催，干證催詞訟令其自拘，干證拘小事令其自處。」鄉約亦往往行得去，官逸而事亦理，欠之可省刑罰。當今天下之民極苦官之繁苛，一與寬仁，其應如響。

自井田廢而竊劫始多矣。飽暖無資，飢寒難耐，等死耳。與其瘠僵於溝壑，無人稱廉，不若苟活於旦夕，未必即犯。彼義士廉夫，尚難責以餓死，而況種種貧民半於天下乎？彼膏粱文繡坐於法堂，而嚴刑峻法以正竊劫之罪者，不患無人，所謂「哀矜而勿喜」者誰與？余以為，衣食足而為盜者，殺無赦；其迫於飢寒者，皆宜有以處之。不然，罪有所由而獨誅盜，亦可愧矣。

余作〈原財〉一篇，有六生十二耗。六生者何？曰墾荒閑之田，曰通水泉之利，曰教農桑之務，曰招流移之民，曰當時事之宜，曰詳積貯之法。十二耗者何？曰嚴造飲之禁，曰懲淫巧之工，曰重游手之罰，曰絕倡優劇戲，曰限在官之役，曰抑僭奢之俗，曰禁寺廟之建，曰戒坊第遊觀之所、刻無益之書，曰禁邪教之倡，曰重迎送供張之罪，曰定學校之額、科舉之制，曰誅貪墨之吏。語多憤世，其文不傳。

太和之氣雖貫徹於四時，然炎徼以南常熱，朔方以北常寒。姑無論，只以中土言之，純然暄燠而無一毫寒涼之氣者，惟是五月半後、八月半前，九十日耳。中間亦有夜用袷綿時。

至七月而暑已處，八月而白露零，九月寒露霜降，亥子丑寅其寒無俟言矣。二三月後猶未脫綿，穀雨以後始得斷霜。四月已夏，猶謂清和，大都嚴肅之氣，歲常十八，而草木二月萌芽，十月猶有生意，乃生育長養不專在於暄燠，而嚴肅之中正所以操縱沖和之機者也。聖人之為政也法天，當寬則用春夏，當嚴則用秋冬，而常持之體則於嚴威之中，施長養之惠。何者？嚴不覆，惠易窮，威中之惠，鼓舞人群，惠中之惠，驕馳眾志。子產相鄭，鑄刑書，誅強宗，伍田疇，褚衣冠。及語子太叔，猶有如猛之言。可不謂嚴乎？乃孔子之評子產，則曰：「惠人也。」他日又曰：「子產眾人之母。」孔子之為政可考矣。彼沾沾煦煦，尚姑息以養民之惡，卒至廢馳玩愒，令不行，禁不止，小人縱恣，善良吞泣，則孔子之罪人也。故曰居上以寬為本，未嘗以寬為政。嚴也者，所以成其寬也。故懷寬心，不宜任寬政，是以懦主殺臣，慈母殺子。

餘息而在溝壑，斗珠不如升糠；裸裎而臥冰雪，敗絮重於繡縠。舉世用人，皆珠縠之貴也。有甚高品，有甚清流？不適緩急之用，即真非所急矣。

盈天地間只靠二種人為命，曰農夫、織婦。卻又沒人重他，是自戕其命也。

一代人才，自足以成一代之治，既作養無術，而用之者又非其人，無怪乎萬事不理也。

三代之後，治天下只求個不敢。不知其不敢者，皆苟文以應上也。真敢在心，暗則足以蠹國家，明之足以亡社稷，乃知不敢不足恃也。

古者，國不易君，家不易大夫，故其治因民宜俗，立綱陳紀。百姓與己相安，然後從容漸漬，日新月盛，而治功成。故曰「必世後仁」，曰「久道成化」。譬之天地不悠久，便成物不得。自封建變而為郡縣，官無久暖之席，民無盡識之官，施設未竟，而讒毀隨之，建官未久，而黜陟隨之。方膰熊蹯而奪之薪，方繅繭絲而截其緒。一番人至，一度更張。各有性情，各有識見。百姓聞其政令半不及理會，聽其教化尚未及信從，而新者卒至，舊政廢閣。何所信從？何所遵守？況加以監司之掣肘，製一幘而不問首之大小，都使之冠；製一衣而不問時之冬夏，必使之服。不審民情便否，先以簿書督責，即高才疾足之士，俄頃措置之功，亦不過目前小康，一事小補，而上以此為殿最，下以此為歡虞，嗚呼！傷心矣。先正有言，人不里居，田不井授，雖欲言治，皆苟而已。愚謂建官亦然，政因地而定之，官擇人而守之，政善不得更張，民安不得易法。其多事擾民，任情變法，與惰政慢法者斥遂之，更其人不易其治，則郡縣賢於封建遠矣。

法之立也，體其必至之情，寬以自生之路，而後繩其逾分之私，則上有直色而下無心言。今也小官之俸不足供饔飧，偶受常例而輒以貪法罷之，是小官終不可設也。識體者欲廣其公而閉之私，而當事者又計其私，某常例、某從來也。夫寬其所應得而後罪其不義之取，與夫因有不義之取也遂儉於應得焉，孰是？蓋倉官月糧一石，而驛丞俸金歲七兩云。

順心之言易入也，有害於治；逆耳之言裨治也，不可於人。可恨也！夫惟聖君以逆耳者順於心，故天下治。

使馬者知地險，操舟者觀水勢，馭天下者察民情，此安危之機也。

宇內有三權：「天之權曰禍福，人君之權曰刑賞，天下之權曰褒貶。」禍福不爽，曰天道之清平，有不盡然者，奪於氣數。刑賞不忒，曰君道之清平，有不盡然者，限於見聞，蔽於喜怒。褒貶不誣，曰人道之清平，有不盡然者，偏於愛憎，誤於聲響。褒貶者，天之所恃以為禍福者也，故曰：「天視自我民視，天聽自我民聽。」君之所恃以為刑賞者也，故曰：「好人之所惡，惡人之所好，是謂拂人之性。」褒貶不可以不慎也，是天道、君道之所用也。一有作好作惡，是謂天之罪人，君之戮民。

而今當民窮財盡之時，動稱礦稅之害。以為事干君父，諫之不行，總付無可奈何。吾且就吾輩安民節用以自便者言之。飲食入腹，三分銀用之不盡，而食前方丈，總屬暴殄，要他何用？僕隸二人，無三十里不肉食者，不程飯桌，要他何用？轎扛人夫，吏書馬匹，寬然有餘，而鼓吹旌旗，要他何用？下莞上簟，公座圍裙，盡章物采矣，而滿房鋪氈，要他何用？上司新到，須要參謁，而節壽之日，各州縣幣帛下程，充庭盈門，要他何用？前呼後擁，不減百人，巡捕聽事，不缺官吏，而司道府官交界送接，到處追隨，要他何用？隨巡司道，拜揖之外，張筵互款，期會不遑，而帶道文卷盡取抬隨，帶道書吏盡人跟隨，要他何用？官官如此，在在如此，民間節省，一歲盡多，此豈朝廷令之不得不如此耶？吾輩可以深省矣。

酒之為害不可勝紀也，有天下者不知嚴酒禁，雖談教養，皆苟道耳。此可與留心治道者道。

簿書所以防奸也，簿書愈多而奸愈黠，何也？千冊萬簿，何官經眼？不過為左右開打點之門，廣刁難之計，為下司增紙筆之孽，為百姓添需索之名。舉世昏迷，了不經意，以為當然，一細思之，可為大笑。有識者裁簿書十分之九而上下相安，弊端自清矣。

養士用人，國家存亡第一緊事，而今只當故事。

臣是皐夔稷契，君自然是堯舜，民自然是唐、虞。士君子當自責：我是皐夔稷契否？終日悠悠泄泄，只說吾君不堯舜，弗俾厥后惟堯舜，是誰之愧恥？吾輩高爵厚祿，寧不遑汗。

惟有為上底難，今人都容易做。

聽訟者要如天平，未稱物先須是對針，則稱物不爽。聽訟之時心不虛平，色態才有所著，中證便有趨向，況以辭示之意乎？當官先要慎此。

天下之勢，頓可為也，漸不可為也。頓之來也驟，漸之來也遠。頓之著力在終，漸之著力在始。

屋漏尚有十目十手，為人上者，大庭廣眾之中，萬手千目之地，譬之懸日月以示人，分毫掩護不得，如之何弗慎？

事休問大家行不行，舊規有不有，只看義上協不協。勢不在我，而於義無害，且須勉從，若有害於義，即有主之者，吾不敢從也。

有美意，必須有良法乃可行。有良法，又須有良吏乃能成。良吏者，本真實之心，有通變之才，厲明作之政者也。心真則為民懇至，終始如一；才通則因地宜民，不狃於法；明作則禁止令行，察奸釐弊，如是而民必受福。故天下好事，要做必須實做，虛者為之，則文具以擾人；不肖者為之，則濟私以害政。不如不做，無損無益。

把天地間真實道理作虛套子幹，把世間虛套子作實事幹，吁！所從來久矣。非霹靂手段，變此錮習不得。

自家官靠著別人做，只是不肯踏定腳跟挺身自拔，此縉紳第一恥事。若鐵錚錚底做將去，任他如何，亦有不顛躓僵仆時。縱教顛躓僵仆，也無可奈何，自是照管不得。

作「焉能為有無」底人，以之居鄉，盡可容得。只是受一命之寄，便是曠一命之官；在一日之職，便是廢一日之業。況碌碌苟苟，久居高華。唐、虞、三代課官是如此否？今以其不貪酷也而容之，以其善夤緣也而進之，國一無所賴，民一無所裨，而俾之貪位竊祿，此人何足責？用人者無辭矣。

近日居官，動說舊規，彼相沿以來，不便於己者悉去之，便於己者悉存之，如此，舊規百世不變。只將這念頭移在百姓身上，有利於民者悉修舉之，有害於民者悉掃除之，豈不是居官真正道理。噫！利於民生者皆不便於己，便於己者豈能不害於民？從古以來，民生不遂，事故日多，其由可知已。

古人事業精專，志向果確，一到手便做，故孔子治魯三日而教化大行。今世居官，奔走奉承，簿書期會，不緊要底虛文，先佔了大半工夫，況平日又無修政立事之心、急君愛民之志，蹉跎因循，但以浮泛之精神了目前之俗事。即有志者，亦不過將正經職業帶修一二足矣。誰始此風？誰甚此風？誰當責任而不易此風？此三人之罪，不止於罷黜矣。

做上官底只是要尊重，迎送欲遠，稱呼欲尊，拜跪欲恭，供具欲麗，酒席欲豐，騶從欲都，伺候欲謹。行部所至，萬人負累，千家愁苦，即使於地方有益，蒼生所損已多。及問其職業，舉是謷文濫套，縱虎狼之吏胥騷擾傳郵，重瑣尾之文移督繩郡縣，括奇異之貨幣交結要津，習圓軟之容辭網羅聲譽。至生民疾苦，若聾瞽然。豈不驟貴躐遷，然而顯負君恩，陰觸天怒，吾黨恥之。

士君子到一個地位，就理會一個地位底職分，無逆料時之久暫而苟且其行，無期必人之用否而怠忽其心。入門就心安志定，為久遠之計。即使不久於此，而一日在官，一日盡職，豈容一日苟祿尸位哉！

水以潤苗，水多則苗腐；膏以助焰，膏重則焰滅。為治一寬，非民之福也。故善人百年始可去殺。天有四時，不能去秋。

古之為人上者，不虐人以示威，而道法自可畏也；不卑人以示尊，而德容自可敬也。脫勢分於堂階，而居尊之體未嘗褻，見腹心於詞色，而防檢之法未嘗疏。嗚呼！可想矣。

為政以問察為第一要，此堯舜治天下之妙法也。今人塞耳閉目只憑獨斷，以寧錯勿問，恐蹈耳軟之病，大可笑。此不求本原耳。吾心果明，則擇眾論以取中，自無偏聽之失。心一愚暗，即詢岳牧芻蕘，尚不能自決，況獨斷乎？所謂獨斷者，先集謀之謂也。謀非集眾不精，斷非一己不決。

治道只要有先王一點心，至於制度文為，不必一一復古。有好古者，將一切典章文物都要反太古之初，而先王精意全不理會，譬之刻木肖人，形貌絕似，無一些精神貫徹，依然是死底。故為政不能因民隨時，以寓潛移默化之機，輒紛紛更變，驚世駭俗，紹先復古，此天下之拙夫愚子也。意念雖佳，一無可取。

賞及淫人，則善者不以賞為榮，罰及善人，則惡者不以罰為辱。是故，君子不輕施恩，施恩則勸；不輕動罰，動罰則懲。

在上者當慎無名之賞。眾皆藉口以希恩，歲遂相沿為故事。故君子惡苟恩。苟恩之人，顧一時，市小惠，徇無厭者之情，而財用之賊也。要知用刑本意原為弼教，苟寬能教，更是聖德感人，更見妙手作用。若只恃雷霆之威，霜雪之法，民知畏而不知愧，待無可畏時，依舊為惡，何能成化？故畏之不如愧之，忿之不如訓之，遠之不如感之。

法者，一也。法曹者，執此一也。以貧富貴賤二之，則非法矣。或曰：「親貴難與疏賤同法。」曰：「是也，八議已別之矣。」八議之所不別而亦二之，將何說之辭？夫執天子之法而顧忌己之爵祿，以徇高明而虐煢獨，如國法天道何？裂綱壞紀，摧善長惡，國必病焉。

治人治法不可相無，聖人竭耳目力，此治人也。繼之以規矩準繩、六律五音，此治法也。說者猶曰有治人無治法。然則治人無矣，治法可盡廢乎？夫以藏在盟府之空言，猶足以伏六百年後之霸主，而況法乎？故治天下者，以治人立治法，法無不善；留治法以待治人，法無不行。

君子有君子之長，小人有小人之長。用君子易，用小人難，惟聖人能用小人。用君子在當其才，用小人在制其毒。

只用人得其當，委任而責成之，不患天下不治。二帝三王急親賢，作當務之急第一事。

古之聖王不盡人之情，故下之忠愛嘗有餘。後世不然，平日君臣相與僅足以存體面而無可感之恩，甚或拂其心而懷待逞之志，至其趨大事、犯大難，皆出於分之不得已。以不得已之心供所不欲之役，雖臨時固結，猶恐不親，而上之誅求責望又復太過，故其空名積勢，不足以鎮服人心而庇其身國。嗚呼！民無自然之感而徒迫於不得不然之勢，君無油然之愛而徒劫之不敢不然之威，殆哉！

古之學者，窮居而籌兼善之略。今也同為僚寀，後進不敢問先達之事，右署不敢知左署之職。在我避侵職之嫌，在彼生望蜀之議。是以未至其地也不敢圖，既至其地也不及習，急遽苟且，了目前之套數而已，安得樹可久之功，張無前之業哉？

百姓寧賤售而與民為市，不貴值而與官為市。故物滿於廛，貨充於肆，官求之則不得，益價而求之亦不得。有一官府欲採繒，知市值，密使吏增值，得之。既行，而商知其官買也，追之，已入公門矣。是商也，明日逃去。人謂商曰：「此公物不虧值。」曰：「吾非為此公。今日得我一繒，他日責我無極。人人未必皆此公，後日未必猶此公也。減值何害？甚者經年不予值；遲值何害？甚者竟不予值；一物無值何害？甚者數取皆無值。吏卒因而附取亦無值。無值何害？甚者無是貨也而責之有，捶楚亂加。為之遍索而不得，為之遠求而難待。誅求者非一官，逼取者非一貨，公差之需索，公門之侵扣，價銀之低假又不暇論心。

嗟夫！寧逢盜劫，無逢官賒。盜劫猶申冤於官，官賒則無所赴訴矣。」予聞之，謂僚友曰：「民不我信，非民之罪也。彼固求貨之出手耳，何擇於官民？又何親於民而何仇於官哉？無輕取，無多取，與民同值而即日面給焉，年年如是，人人如是，又禁府州縣之不如是者，百姓獨非人哉？無彼尤也。」

公正二字是撐持世界底，沒了這二字，便塌了天。

人臣有二懲，曰私，曰偽。私則利己徇人而公法壞，偽則彌縫粉飾而實政墮。公法壞則豪強得以橫恣，貧賤無所控訴而愁怨多。實政墮則視國民不啻越秦，逐勢利如同商賈而身家肥。此亂亡之漸也，何可不懲。

「與上大夫言，誾誾如也」朱注云：「誾誾，和悅而諍。」只一諍字，十分扶持世道。近世見上大夫，少不了和悅，只欠一諍字。

古今觀人，離不了好惡，武叔毀仲尼，伯寮訴子路，臧倉沮孟子，從來聖賢未有不遭謗毀者，故曰：「其不善者惡之，不為不善所惡，不成君子。後世執進退之柄者，只在鄉人皆好之上取人，千人之譽不足以敵一人之毀，更不察這毀言從何處來，更不察這毀人者是小人是君子。是以正士傷心，端人喪氣。一入仕途，只在彌縫塗抹上做工夫，更不敢得罪一人。嗚呼！端人正士叛中行而惟鄉愿是師，皆由是非失真、進退失當者驅之也。

圖大於細，不勞力，不費財，不動聲色，暗收百倍之功。用柔為剛，愈涵容；愈愧屈，愈契腹心，化作兩人之美。

銓署楹帖：「直者無庸我力，枉者我無庸力，何敢貪天之功；恩則以奸為賢，怨則以賢為奸，豈能逃鬼之責。」

公署楹帖：「只一個志誠，任從你千欺百罔；有三尺明法，休犯他十惡五刑。」

公署楹帖二：「皇天下鑒此心，敢不光明正直；赤子來遊吾腹，願言豈弟慈祥。」

按察司署楹帖：「光天化日之下，四方陰邪休行；大冬嚴雪之中，一點陽春自在。」

發示驛遞：「痛蒼赤食草飯沙，安忍吸民膏以縱口腹；睹閭閻賣妻鬻子，豈容窮物力而擁車徒。」

發示州縣：「憫其飢，念其寒，誰不可憐子女，肯推毫髮與蒼生，不枉為民父母；受若直，怠若事，誰能放過僕童，況糜膏脂無治狀，也應念及兒孫。」

襄垣懸署楹帖：「百姓有知，願教竹頭生筍；三堂無事，任從門外張羅。」

莫以勤勞怨辛苦，朝庭覓你做奶母。

城門四聯：「東延和門：『青帝布陽春，鬱鬱蔥蔥生氣溢沙隨之外；黃堂流德澤，融融液液太和在梁苑之西。』南文明門：『萬丈文光北射斗牛通魁柄；三星物采東聯箕尾上台躔。』西寶成門：『萬寶告成，耕夫織婦白叟黃童年年歌大有；五徵來備，東舍西鄰南村北疃處處樂同人。』北鍾祥門：『洪濤來萬里恩波，遠抱崇墉浮瑞靄；玄女注千年聖水，潛滋環海護生靈。』」

卷六

外篇・

人情・物理・廣喻・詞章

人情

無所樂，有所苦，即父子不相保也，而況民乎？有所樂，無所苦，即戎狄且相親也，而況民乎？

世之人，聞人過失，便喜談而樂道之；見人規己之過，既掩護之，又痛疾之；聞人稱譽，便欣喜而誇張之；見人稱人之善，既蓋藏之，又搜索之。試思這個念頭是君子乎？是小人乎？

乍見之患，愚者所驚；漸至之殃，智者所忽也。以愚者而當智者之所忽，可畏哉！

論人情，只往薄處求，說人心，只往惡邊想，此是私而刻底念頭，自家便是個小人。古人貴人，每於有過中求無過，此是長厚心、盛德事，學者熟思，自有滋味。

人說己善則喜，人說己過則怒。自家善惡自家真知，待禍敗時，欺人不得。人說體實則喜，人說體虛則怒，自家病痛自家獨覺，到死亡時，欺人不得。

一巨卿還家，門戶不如做官時，悄然不樂曰：「世態炎涼如是，人何以堪？」余曰：「君自炎涼，非獨世態之過也。平常淡素是我本來事，熱鬧紛華是我倘來事。君留戀富貴以為當然，厭惡貧賤以為遭際，何炎涼如之，而暇歎世情哉？」

迷莫迷於明知，愚莫愚於用智，辱莫辱於求榮，小莫小於好大。

兩人相非，不破家不止，只回頭任自家一句錯，便是無邊受用；兩人自是，不反面稽唇不止，只溫語稱人一句好，便是無限歡欣。

將好名兒都收在自家身上，將惡名幾都推在別人身上，此天下通情。不知此兩個念頭，都攬個惡名在身，不如讓善引過。

露己之美者惡，分入之美者尤惡，而況專人之美，竊人之美乎？吾黨戒之。

守義禮者，今人以為倨傲；工諛佞者，今人以為謙恭。舉世名公達宦自號儒流，亦迷亂相責而不悟，大可笑也。

愛人以德而令人仇，人以德愛我而仇之，此二人者皆愚也。

無可知處，盡有可知之人而忽之，謂之瞽；可知處，盡有不可知之人而忽之，亦謂之瞽。

世間有三利衢壞人心術，有四要路壞人氣質，當此地而不壞者，可謂定守矣。君門，士大夫之利衢也。公門，吏胥之利衢也。市門，商賈之利衢也。翰林、吏部、台、省，四要路也。有道者處之，在在都是真我。

朝廷法紀做不得人情，天下名分做不得人情，聖賢道理做不得人情，他人事做不得人情，我無力量做不得人情。以此五者徇人，皆安也。君子慎之。

古人之相與也，明目張膽，推心置腹。其未言也，無先疑；其既言也，無後慮。今人之相與也，小心屏息，藏意飾容。其未言也，懷疑畏；其既言也，觸禍機。哀哉！安得心地光明之君子，而與之披情愫、論肝膈也？哀哉！彼亦示人以光明，而以機阱陷人也。

古之君子，不以其所能者病人；今人卻以其所不能者病人。

古人名望相近則相得，今人名望相近則相妒。

福莫大於無禍，禍莫大於求福。

言在行先，名在實先，食在事先，皆君子之所恥也。

兩悔無不釋之怨，兩求無不合之交，兩怒無不成之禍。

己無才而不讓能，甚則害之；己為惡而惡人之為善，甚則誣之；己貧賤而惡人之富貴，甚則傾之；此三妒者，人之大戮也。

以患難時，心居安樂；以貧賤時，心居富貴；以屈局時，心居廣大，則無往而不泰然。以淵谷視康莊，以疾病視強健，以不測視無事，則無往而不安穩。

不怕在朝市中無泉石心，只怕歸泉石時動朝市心。

積威與積恩，二者皆禍也。積威之禍可救，積恩之禍難救。積威之後，寬一分則安，恩一分則悅；積恩之後，止而不加則以為薄，才減毫髮則以為怨。恩極則窮，窮則難繼；愛極則縱，縱則難堪。不可繼則不進，其勢必退。故威退為福，恩退為禍；恩進為福，威進為禍。聖人非靳恩也，懼禍也。濕薪之解也易，燥薪之束也難。聖人之靳恩也，其愛人無已之至情，調劑人情之微權也。

人皆知少之為憂，而不知多之為憂也。惟智者憂多。

眾惡之必察焉，眾好之必察焉，易；自惡之必察焉，自好之必察焉，難。

有人情之識，有物理之識，有事體之識，有事勢之識，有事變之識，有精細之識，有闊大之識。此皆不可兼也，而事變之識為難，闊大之識為貴。

聖人之道，本不拂人，然亦不求可人。人情原無限量，務可人，不惟不是，亦自不能。故君子只務可理。

施人者雖無已，而我常慎所求，是謂養施；報我者雖無已，而我常不敢當，是謂養報；此不盡人之情，而全交之道也。

攻人者，有五分過惡，只攻他三四分，不惟彼有餘懼，而亦傾心引服，足以塞其辯口。攻到五分，已傷渾厚，而我無救性矣。若更多一分，是貽之以自解之資，彼據其一而得五，我貪其一而失五矣。此言責家之大戒也。

見利向前，見害退後，同功專美於己，同過委罪於人，此小人恒態，而丈夫之恥行也。

任彼薄惡，而吾以厚道敦之，則薄惡者必愧感，而情好愈篤。若因其薄惡也，而亦以薄惡報之，則彼我同非，特分先後耳，畢竟何時解釋？此庸人之行，而君子不由也。

恕人有六：或彼識見有不到處，或彼聽聞有未真處，或彼力量有不及處，或彼心事有所苦處，或彼精神有所忽處，或彼微意有所在處。先此六恕而命之不從，教之不改，然後可罪也已。是以君子教人而後責人，體人而後怒人。

直友難得，而吾又拒以諱過之聲色；佞人不少，而吾又接以喜諛之意態。嗚呼！欲不日入於惡也難矣。

笞、杖、徒、流、死，此五者小人之律令也；禮、義、廉、恥，此四者君子之律令也。小人犯律令刑於有司，君子犯律令刑於公論。雖然，刑罰濫及，小人不懼，何也？非至當之刑也；毀謗交攻，君子不懼，何也？非至公之論也。

情不足而文之以言，其言不可親也；誠不足而文之以貌，其貌不足信也。是以天下之事貴真，真不容掩，而見之言貌，其可親可信也夫！

勢、利、術、言，此四者公道之敵也。炙手可熱則公道為屈，賄賂潛通則公道為屈，智巧陰投則公道為屈，毀譽肆行則公道為屈。世之冀幸受誣者，不啻十五也，可慨夫！

聖人處世，只於人情上做工夫，其於人情又只於未言之先、不言之表上做工夫。

美生愛，愛生狎，狎生玩，玩生驕，驕生悍，悍生死。

禮是聖人制底，情不是聖人制底。聖人緣情而生禮，君子見禮而得情。眾人以禮視禮，而不知其情，由是禮為天下虛文，而崇真者思棄之矣。

人到無所顧惜時，君父之尊不能使之嚴，鼎鑊之威不能使之懼，千言萬語不能使之喻，雖聖人亦無如之何也已。聖人知其然也，每養其體面，體其情私，而不使至於無所顧惜。

稱人以顏子，無不悅者，忘其貧賤而夭；稱人以桀、紂、盜跖，無不怒者，忘其富貴而壽。好善惡惡之同然如此，而作人卻與桀、紂、盜跖同歸，何惡其名而好其實耶？

今人骨肉之好不終，只為看得爾我二字太分曉。

聖人制禮，本以體人情，非以拂之也。聖人之心，非不因人情之所便而各順之，然順一時、便一人，而後天下之大不順便者因之矣。故聖人不敢恤小便，拂大順，徇一時，弊萬世，其拂人情者，乃所以宜人情也。

好人之善，惡人之惡，不難於過甚。只是好己之善，惡己之惡，便不如此痛切。

誠則無心，無心則無跡，無跡則人不疑，即疑，久將自消。我一著意，自然著跡，著跡則兩相疑，兩相疑則似者皆真，故著意之害大。三五歲之男女，終日談笑於市，男女不相嫌，見者亦無疑於男女，兩誠故也。繼母之慈，嫡妻之惠，不能脫然自忘，人未必脫然相信，則著意之故耳。

一人運一甓，其行疾，一人運三甓，其行遲，又二人共輿十甓，其行又遲，比暮而較之，此四人者其數均。天下之事苟從其所便，而足以濟事，不必律之使一也，一則人情必有所苦。先王不苦人所便以就吾之一，而又病於事。

人之情，有言然而意未必然，有事然而意未必然者，非勉強於事勢，則束縛於體面。善體人者要在識其難言之情，而不使其為言與事所苦。此聖人之所以感人心，而人樂為之死也。

人情愈體悉，愈有趣味，物理愈玩索，愈有入頭。

不怕多感，只怕愛感。世之逐逐戀戀，皆愛感者也。

人情之險也，極矣。一令貪，上官欲論之而事泄，彼陽以他事得罪，上官避嫌，遂不敢論，世謂之箝口計。

「有二三道義之友，數日別便相思，以為世俗之念，一別便生親厚之情，一別便疏。」余曰：「君此語甚有趣向，與淫朋狎友滋味迥然不同，但真味未深耳。孔、孟、顏、思，我輩平生何嘗一接？只今誦讀體認間，如朝夕同堂對語，如家人父子相依，何者？心交神契，千載一時，萬里一身也。久之，彼我且無，孰離孰合，孰親孰疏哉？若相與而善念生，相違而欲心長，即旦暮一生，濟得甚事？」

受病於平日，而歸咎於一旦。發源於臟腑，而求效於皮毛。太倉之竭也，責窮於囤底。大廈之傾也，歸罪於一霖。

世之人，聞稱人之善輒有妒心，聞稱人之惡輒有喜心，此天理忘而人欲肆者也。孔子所惡，惡稱人之惡；孔子所樂，樂道人之善。吾人豈可另有一副心腸。

人欲之動，初念最熾，須要遲遲，就做便差了。天理之動，初念最勇，須要就做，遲遲便歇了。

凡人為不善，其初皆不忍也，其後忍不忍半，其後忍之，其後安之，其後樂之。嗚呼！至於樂為不善而後良心死矣。

聞人之善而掩覆之，或文致以誣其心；聞人之過而播揚之，或枝葉以多其罪。此皆得罪於鬼神者也，吾黨戒之。

恕之一字，是個好道理，看那惟心者是甚麼念頭。好色者恕人之淫，好貨者恕人之貪，好飲者恕人之醉，好安逸者恕人之惰慢，未嘗不以己度人，未嘗不視人猶己，而道之賊也。故行恕者，不可以不審也。

心怕二三，情怕一。

別個短長作己事，自家痛癢問他人。

休將煩惱求恩愛，不得恩愛將煩惱。

利算無餘處，禍防不意中。

物理

鴟鴉，其本聲也如鶻鳩然，第其聲可憎，聞者以為不祥，每彈殺之。夫物之飛鳴，何嘗擇地哉？集屋鳴屋，集樹鳴樹。彼鳴屋者，主人疑之矣，不知其鳴於野樹，主何人不祥也？至於犬人行、鼠人言、豕人立，真大異事，然不祥在物，無與於人。即使於人為凶，然亦不過感戾氣而呈兆，在物亦莫知所以然耳。蓋鬼神愛人，每示人以趨避之幾，人能恐懼修省，則可轉禍為福。如景公之退孛星，高宗之枯桑穀，妖不勝德，理氣必然。然則妖異之呈兆，即蓍龜之告繇，是吾師也，何深惡而痛去之哉？

春夏秋冬不是四個天，東西南北不是四個地，溫涼寒熱不是四個氣，喜怒哀樂不是四個面。

臨池者不必仰觀，而日月星辰可知也；閉戶者不必遊覽，而陰晴寒暑可知也。

有國家者要知真正祥瑞，真正祥瑞者，致祥瑞之根本也。民安物阜，四海清寧，和氣薰蒸，而樣瑞生焉，此至治之符也。至治已成，而應徵乃見者也，即無祥瑞，何害其為至治哉？若世亂而祥瑞生焉，則祥瑞乃災異耳。是故災祥無定名，治亂有定象。庭生桑穀未必為妖，殿生玉芝未必為瑞。是故聖君不懼災異，不喜祥瑞，盡吾自修之道而已。不然，豈後世祥瑞之主出二帝三王上哉？

先得天氣而生者，本上而末下人是已。先得地氣而生者，本下而末上草木是已。得氣中之質者；飛。得質中之氣者，走。得渾淪磅礴之氣質者，為山河，為巨體之物。得游散纖細之氣質者，為蠛蠓蚊蟻蠢動之蟲，為苔蘚、萍蓬、蘩蔬之草。

入釘惟恐其不堅，拔釘推恐其不出。下鎖惟恐其不嚴，開鎖惟恐其不易。

以恒常度氣數，以知識定窈冥，皆造化之所笑者也。造化亦定不得，造化尚聽命於自然，而況為造化所造化者乎？堪輿星卜諸書，皆屢中者也。

古今載藉，莫濫於今日。括之有九：有全書，有要書，有贅書，有經世之書，有益人之書，有無用之書，有病道之書，有雜道之書，有敗俗之書。《十三經注疏》，《二十一史》，此謂全書。或撮其要領，或類其雋腴，如《四書》、《六經集注》、《通鑑》之類，此謂要書。當時務，中機宜，用之而物阜民安，功成事濟，此謂經世之書。言雖近理；而掇拾陳言，不足以羽翼經史，是謂贅書。醫技農卜，養生防患，勸善懲惡，是謂益人之書。無關於天下國家，無益於身心性命，語不根心，言皆應世，而妨當世之務，是謂無用之書。又不如贅，佛老莊列，是謂病道之書。迂儒腐說，賢智偏言，是謂雜道之書，淫邪幻誕，機械誇張，是謂敗俗之書。有世道之責者，不毅然沙汰而芟鋤之，其為世教人心之害也不小。

火不自知其熱，水不自知其寒，鵬不自知其大，蟻不自知其小，相忘於所生也。

聲無形色，寄之於器；火無體質，寄之於薪；色無著落，寄之草木。故五行惟火無體，而用不窮。

大風無聲，湍水無浪，烈火無燄，萬物無影。

萬物得氣之先

無功而食，雀鼠是已；肆害而食，虎狼是已。士大夫可圖諸座右。

薰香猶臭，猶固不可有，薰也是多了的，不如無臭。無臭者，臭之母也。

聖人因蛛而知網罟，蛛非學聖人而布絲也；因蠅而悟作繩，蠅非學聖人而交足也。物者，天能；聖人者，人能。

執火不焦指，輪圓不及下者，速也。

柳炭鬆弱無力，見火即盡。榆炭稍強，火稍烈。桑炭強，山栗炭更強。皆逼人而耐久。

木死成灰，其性自在。

莫向落花長太息，世間何物無終盡。

廣喻

劍長三尺，用在一絲之銛刃；筆長三寸，用在一端之銳毫，其餘皆無用之羨物也。雖然，使劍與筆但有其銛者銳者焉，則其用不可施。則知無用者，有用之資；有用者，無用之施。易牙不能無爨子，歐冶不能無砧手，工輸不能無鑽厮。苟不能無，則與有用者等也，若之何而可以相病也？

坐井者不可與言一度之天，出而四顧，則始覺其大矣。雖然，雲木礙眼，所見猶拘也，登泰山之巔，則視天莫知其際矣。雖然，不如身遊八極之表，心通九垓之外。天在胸中如太倉一粒，然後可以語通達之識。

著味非至味也，故玄酒為五味先；著色非至色也，故太素為五色主；著象非至象也，故無象為萬象母；著力非至力也，故大塊載萬物而不負；著情非至情也，故太清生萬物而不親；著心非至心也，故聖人應萬事而不有。

凡病人面紅如赭、髮潤如油者，不治，蓋萃一身之元氣血脈盡於面目之上也。嗚呼！人君富，四海貧，可以懼矣。

有國家者，厚下恤民，非獨為民也。譬之於墉，廣其下，削其上，乃可固也；譬之於木，溉其本，剔其末，乃可茂也。夫墉未有上豐下狹而不傾，木未有露本繁末而不斃者。可畏也夫！

天下之勢，積漸成之也。無忽一毫輿羽折軸者，積也。無忽寒露尋至堅冰者，漸也。自古天下國家、身之敗亡，不出積漸二字。積之微漸之始，可為寒心哉！

火之大灼者無煙，水之順流者無聲，人之情平者無語。

風之初發於谷也，拔木走石，漸遠而減，又遠而弱，又遠而微，又遠而盡。其勢然也。使風出谷也，僅能振葉拂毛，即咫尺不能推行矣。京師號令之首也，紀法不可以不振也。

背上有物，反顧千萬轉而不可見也，遂謂人言不可信，若必待自見，則無見時矣。

人有畏更衣之寒而忍一歲之涑，懼一針之痛而甘必死之瘍者。一勞永逸，可與有識者道。

齒之密比，不嫌於相逼，固有故也。落而補之，則覺有物矣。夫惟固有者多不得，少不得。

嬰珠珮玉，服錦曳羅，而餓死於室中，不如丐人持一升之粟。是以明王貴用物，而誅尚無用者。

元氣已虛，而血肉未潰，飲食起居不甚覺也，一旦外邪襲之，溘然死矣。不怕千日怕一旦，一旦者，千日之積也。千日可為，一旦不可為矣。故慎於千日，正以防其一旦也。有天下國家者，可惕然懼矣。

以果下車駕騏驥，以盆池水養蛟龍，以小廉細謹繩英雄豪傑，善官人者笑之。

水千流萬派，始於一源，木千枝萬葉，出於一本；人千酬萬應，發於一心；身千病萬症，根於一臟。眩於千萬，舉世之大迷也；直指原頭，智者之獨見也。故病治一，而千萬皆除；政理一，而千萬皆舉矣。

水鑑、燈燭、日、月、眼，世間惟此五照，宜謂五明。

毫釐之輕，斤鈞之所藉以為重者也；合勺之微，斛斗之所賴以為多者也；分寸之短，丈尺之所需，以為長者也。

人中黃之穢，天靈蓋之凶，人人畏惡之矣。臥病於牀，命在須臾，片腦蘇合，玉屑金泊，固有視為無用之物，而唯彼之亟亟者，時有所需也。膠柱用人於緩急之際，良可悲矣！

長戟利於錐，而戟不可以為錐；猛虎勇於狸，而虎不可以為狸。用小者無取於大，猶用大者無取於小，二者不可以相誚也。

夭喬之物利於水澤，土燥烈，天暵乾，固枯槁矣。然沃以鹵水則黃，沃以油漿則病，沃以沸湯則死，惟井水則生，又不如河水之王。雖然，倘浸漬汪洋，泥淖經月，惟水物則生，其他未有不死者。用思顧不難哉！

鑒不能自照，尺不能自度，權不能自稱，囿於物也。聖人則自照、自度、自稱，成其為鑒、為尺、為權，而後能妍媸長短，輕重天下。

冰凌燒不熟，石砂蒸不黏。

火性空，故以蘭麝投之則香，以毛骨投之則臭；水性空，故烹茶清苦，煮肉則腥羶，無我故也。無我故能物物，若自家有一種氣味雜於其間，則物矣。物與物交，兩無賓主，同歸於雜。如煮肉於茶，投毛骨於蘭麝，是謂渾淆駁雜。物且不物，況語道乎？

大車滿載，蚊蚋千萬集焉，其去其來，無加於重輕也。

蒼松古柏與夭桃穠李爭妍，重較鸞鑣與衝車獵馬爭步，豈宜不能？亦可醜矣。

射之不中也，弓無罪，矢無罪，鵠無罪；書之弗工也，筆無罪，墨無罪，紙無罪。

鎖鑰各有合，合則開，不合則不開。亦有合而不開者，必有所以合而不開之故也。亦有終日開，偶然抵死不開，必有所以偶然不開之故也。萬事必有故，應萬事必求其故。

窗間一紙，能障拔木之風；胸前一瓠，不溺拍天之浪。其所托者然也。

人有饋一木者，家僮曰：「留以為梁。」余曰：「木小不堪也。」僮曰：「留以為棟。」余曰：「木大不宜也。」僮笑曰：「木一也，忽病其大，又病其小。」余曰：「小子聽之，物各有宜用也，言各有攸當也，豈惟木哉？」他日為余生炭滿爐烘人。余曰：「太多矣。」乃盡濕之，留星星三二點，欲明欲滅。余曰：「太少矣。」僮怨曰：「火一也，既嫌其多，又嫌其少。」余曰：「小子聽之，情各有所適也，事各有所量也，豈惟火哉？」

海投以污穢，投以瓦礫，無所不容；取其寶藏，取其生育，無所不與。廣博之量足以納，觸忤而不驚；富有之積足以供，採取而不竭。聖人者，萬物之海也。

鏡空而無我相，故照物不爽分毫。若有一絲痕，照人面上便有一絲；若有一點瘢，照人面上便有一點，差不在人面也。心體不虛，而應物亦然。故禪家嘗教人空諸有，而吾儒惟有喜怒哀樂未發之中，故有發而中節之和。

人未有洗面而不閉目，撮紅而不慮手者，此猶愛小體也。人未有過簷滴而不疾走，踐泥塗而不揭足者，此直愛衣履耳。七尺之軀顧不如一履哉？乃沉之滔天情慾之海，拼於焚林暴怒之場，粉身碎體甘心焉而不顧，悲夫！

惡言如鴟梟之嗷，閒言如燕雀之喧，正言如狻猊之吼，仁言如鸞鳳之鳴。以此思之，言可弗慎歟？

左手畫圓，右手畫方，是可能也。鼻左受香，右受惡；耳左聽絲，右聽竹；目左視東，右視西，是不可能也。二體且難分，況一念而可雜乎？

擲髮於地，雖烏獲不能使有聲；投核於石，雖童子不能使無聲。人豈能使我輕重哉？自輕重耳。

澤潞之役，余與僚友並肩輿。日莫矣，僚友問輿夫：「去路幾何？」曰：「五十里。」僚友憮然。少間又問：「尚有幾何？」曰：「四十五里。」如此者數問，而聲愈厲，意迫切不可言，甚者怒罵。余少憩車中，既下車，戲之曰：「君費力如許，到來與我一般。」僚友笑曰：「余口津且竭矣，而咽若火，始信兒討得便宜多也。」問卜筮者亦然。天下豈有兒不下迫而強自催生之理乎？大抵皆揠苗之見也。

進香叫佛某不禁，同僚非之。余憮然曰：「王道荊榛而後蹊徑多。彼所為誠非善事，而心且福利之，為何可弗禁？所賴者緣是以自戒，而不敢為惡也。故歲饑不禁草木之實，待年豐彼自不食矣。善乎！孟子之言曰：『君子反經而已矣』。『而已矣』三字，旨哉妙哉！涵蓄多少趣味！」

日食膾炙者，日見其美，若不可一日無。素食三月，聞肉味只覺其腥矣。今與膾炙人言腥，豈不訝哉？

鉤吻、砒霜也，都治病，看是甚麼醫手。

家家有路到長安，莫辨東西與南北。

一薪無燄，而百枝之束燎原；一泉無渠，而萬泉之會溢海。

鐘一鳴，而萬戶千門有耳者莫不入其聲，而聲非不足。使鐘鳴於百里無人之野，無一人聞之，而聲非有餘。鐘非人人分送其聲而使之入，人人非取足於鐘之聲以盈吾耳，此一貫之說也。

未有有其心而無其政，如漬種之必苗，爇蘭之必香；未有無其心而有其政者，如塑人之無語，畫鳥之不飛。

某嘗與友人論一事，友人曰：「我胸中自有權量。」某曰：「雖婦人孺子未嘗不權量，只怕他大斗小秤。」

齁鼾驚鄰而睡者不聞，垢污滿背而負者不見。

愛虺蝮而撫摩之，鮮不受其毒矣；惡虎豹而搏之，鮮不受其噬矣。處小人，在不遠不近之間。

玄奇之疾，醫以平易。英發之疾，醫以深沉；闊大之疾，醫以充實。

不遠之復，不若未行之審也。

千金之子非一日而貧也。日朘月削，損於平日而貧於一旦，不咎其積，而咎其一旦，愚也。是故君子重小損，矜細行，防微漸。

上等手段用賊，其次拿賊，其次躲著賊走。

曳新屨者，行必擇地。苟擇地而行，則屨可以常新矣。

被桐以絲，其聲兩相借也。道不孤成，功不獨立。

坐對明燈，不可以見暗，而暗中人見對燈者甚真。是故，君子貴處幽。

無涵養之功，一開口動身便露出本象，說不得你有灼見真知；無保養之實，遇外感內傷依舊是病人，說不得你有真傳口授。

磨墨得省身克己之法，膏筆得用人處事之法，寫字得經世宰物之法。

不知天地觀四時，不知四時觀萬物。四時分成是四截，總是一氣呼吸，譬如釜水寒溫熱涼，隨火之有無而變，不可謂之四水。萬物分來是萬種，總來一氣薰陶，譬如一樹花，大小後先，隨氣之完欠而成，不可謂之殊花。

陽主動，動生燥，有得於陽，則袒裼可以臥冰雪，陰主靜，靜生寒，有得於陰，則盛暑可以衣裘褐。君子有得於道焉，往如不裕如哉？外若可撓，必內無所得者也。

或問：「士希賢，賢希聖，聖希天，何如？」曰：「體味之不免有病。士賢聖皆志於天，而分量有大小，造詣有淺深者也。譬之適長安者，皆志於長安，其行有疾遲，有止不止耳。若曰跬步者希百里，百里者希千里，則非也。故造道之等，必由賢而後能聖，志之所希，則合下便欲與聖人一般。」

言教不如身教之行也，事化不如意化之妙也。事化信，信則不勞而教成；意化神，神則不知而俗變。螟蛉語生，言化也。鳥孚生，氣化也。鱉思生，神化也。

天道漸則生，躐則殺。陰陽之氣皆以漸，故萬物長養而百化昌遂。冬燠則生氣散，夏寒則生氣收，皆躐也。故聖人舉事，不駭人聽聞。

只一條線，把緊要機括提掇得醒，滿眼景物都生色，到處鬼神都響應。

一法立而一弊生，誠是，然因弊生而不立法，未見其為是也。夫立法以禁弊，猶為防以止水也，堤薄土疏而乘隙決潰，誠有之矣，未有因決而廢防者。無弊之法，雖堯舜不能。生弊之法亦立法者之拙也。故聖人不苟立法，不立一事之法，不為一切之法，不懲小弊而廢良法，不為一時之弊而廢可久之法。

廟堂之上最要蕩蕩平平，寧留有餘不盡之意，無為一著快心之事。或者不然予言，予曰：「君見懸墜乎？懸墜者，以一線繫重物下垂，往來不定者也。當兩壁之間，人以一手撼之，撞於東壁重則反於西壁亦重，無撞而不反之理，無撞重而反輕之理，待其定也，中懸而止。君快於東壁之一撞，而不慮西壁之一反乎？國家以無事無福，無心處事，當可而止，則無事矣。」

地以一氣噓萬物，而使之生，而物之受其氣者，早暮不同，則物之性殊也。氣無早暮，夭喬不同，物之體殊也。氣無夭喬，甘苦不同，物之味殊也。氣無甘苦，紅白不同，物之色殊也。氣無紅白，榮悴不同，物之稟遇殊也。氣無榮悴，盡吾發育之力，滿物各足之分量；順吾生植之道，聽其取足之多寡，如此而已。聖人之治天下也亦然。

口塞而鼻氣盛，鼻塞而口氣盛，鼻口俱塞，脹悶而死。治河者不可不知也。故欲其力大而勢急，則塞其旁流，欲其力微而勢殺也，則多其支派，欲其蓄積而有用也，則節其急流。治天下之於民情也亦然。

木鐘撞之也有木聲，土鼓擊之也有土響，未有感而不應者也，如何只是怨尤？或曰：「亦有感而不應者。」曰：「以髮擊鼓，以羽撞鐘，何應之有？」

四時之氣，先感萬物，而萬物應。所以應者何也？天地萬物一氣也。故春感而糞壤氣升，雨感而礎石先潤，磁石動而針轉，陽燧映而火生，況有知乎？格天動物，只是這個道理。

積衰之難振也，如痿人之不能起。然若久痿，須補養之，使之漸起，若新痿，須針砭之，使之驟起。

器械與其備二之不精，不如精其一之為約。二而精之，萬全之慮也。

我之子我憐之，鄰人之子鄰人憐之，非我非鄰人之子，而轉相鬻育，則不死為恩矣。是故，公衙不如私舍之堅，驛馬不如家騎之肥，不以我有視之也。苟擴其無我之心，則垂永逸者不憚。今日之一勞，惟民財與力之可惜耳，奚必我居也？懷一體者，當使芻牧之常足，惟造物生命之可憫耳，奚必我乘也？嗚呼！天下之有我久矣，不獨此一二事也。學者須要打破這藩籬，才成大世界。

膾炙之處，蠅飛滿几，而太羹玄酒不至。膾炙日增，而欲蠅之集。太羹玄酒，雖驅之不至也。膾炙徹而蠅不得不趨於太羹玄酒矣。是故返樸還淳，莫如崇儉而禁其可欲。

駝負百鈞，蟻負一粒，各盡其力也，象飲數石，鼷飲一勺，各充其量也。君子之用人，不必其效之同，各盡所長而已。

古人云：「聲色之於以化民，末也。」這個末，好容易底。近世聲色不行，動大聲色，大聲色不行，動大刑罰，大刑罰才濟得一半事，化不化全不暇理會。常言三代之民與禮教習，若有奸宄然後麗刑，如腹與菽粟，偶一失調，始用藥餌。後世之民與刑罰習，若德化不由，日積月累，如孔子之三年，王者之必世，驟使欣然向道，萬萬不能。譬之剛腸硬腹之人，服大承氣湯三五劑始覺，而卻以四物，君子補之，非不養人，殊與疾悖，而反生他症矣。卻要在刑政中兼德禮，則德禮可行，所謂兼攻兼補，以攻為補，先攻後補，有宜攻有宜補，惟在劑量。民情不拂不縱始得，噫！可與良醫道。

得良醫而撓之，與委庸醫而聽之，其失均。

以莫耶授嬰兒而使之禦虜，以繁弱授矇瞍而使之中的，其不勝任，授者之罪也。

道途不治，不責婦人，中饋不治，不責僕夫。各有所官也。

齊有南北官道，洿下者里餘，雨多行潦，行者不便則傍西踏人田行，行數日而成路。田家苦之，斷以橫牆，十步一堵，堵數十焉，行者避牆，更西踏田愈廣，數日又成路。田家無計，乃蹲田邊且罵且泣，欲止欲訟，而無如多人何也。或告之曰：「牆之所斷，已成棄地矣。胡不仆牆而使之通，猶得省於牆之更西者乎？」予笑曰：「更有奇法，以築牆之土墊道，則道平矣。道平人皆由道，又不省於道之西者乎？安用牆為？」越數日道成，而道傍無一人跡矣。

瓦礫在道，過者皆弗見也，裹之以紙，人必拾之矣，十襲而櫝之，人必盜之矣。故藏之，人思亡之，掩之，人思檢之；圍之，人思窺之；障之，人思望之，惟光明者不令人疑。故君子置其身於光天化日之下，醜好在我，我無飾也，愛憎在人，我無與也。

穩桌腳者於平處著力，益甚其不平。不平有二：有兩隅不平，有一隅不平。於不少處著力，必致其欹斜。

極必反，自然之勢也。故繩過絞則反轉，擲過急則反射。無知之物尚爾，勢使然也。

是把鑰匙都開底鎖，只看投簧不投簧。

蜀道不難，有難於蜀道者，只要在人得步。得步則蜀道若周行，失步則家庭皆蜀道矣。

未有冥行疾走於斷崖絕壁之道，而不傾跌者。

張敬伯常經山險，謂余曰，「天下事，常震於始，而安於習。某數過棧道，初不敢移足，今如履平地矣。」余曰：「君始以為險，是不險；近以為不險，卻是險。」

君子之教人也，能妙夫因材之術，不能變其各具之質。譬之地然，發育萬物者，其性也，草得之而為柔，木得之而為剛，不能使草之為木，而木之為草也。是故，君子以人治人，不以我治人。

無星之秤，公則公矣，而不分明，無權之秤，平則平矣，而不通變。君子不法焉。

羊腸之隘，前車覆而後車協力，非以厚之也。前車當關，後車停駕，匪惟同緩急，亦且共利害。為人也，而實自為也。嗚呼！士君子共事，而忘人之急，無乃所以自孤也夫？

萬水自發源處入百川，容不得，入江、淮、河、漢，容不得，直流至海，則浩浩恢恢，不知江、淮幾時入，河、漢何處來，兼收而並容之矣。閒雜懊惱，無端謗讟，儻來橫逆，加之眾人，不受，加之賢人，不受，加之聖人，則了不見其辭色，自有道以處之。故聖人者，疾垢之海也。

兩物交必有聲，兩人交必有爭。有聲，兩剛之故也。兩柔則無聲，一柔一剛亦無聲矣。有爭，兩貪之故也。兩讓則無爭，一貪一讓亦無爭矣。抑有進焉，一柔可以馴剛，一讓可以化貪。

石不入水者，堅也，磁不入水者，密也。人身內堅而外密，何外感之能入？物有一隙，水即入一隙，物虛一寸，水即入一寸。

人有兄弟爭長者，其一生於甲子八月二十五日，其一生於乙丑二月初三日。一曰：「我多汝一歲。」一曰：「我多汝月與日。」不決，訟於有司，有司無以自斷，曰：「汝兩人者，均平不相兄，更不然，遞相兄可也。」（此河圖太衍對待流行之全數）

撻人者梃也，而受撻者不怨梃，殺人者刃也，而受殺者不怨刃。

人間等子多不準，自有準等兒，人又不識。我自是定等子底人，用底是時行天平法馬。

頸槃一首，足荷七尺，終身由之而不覺其重，固有之也。使他人之首枕我肩，他人之身在我足，則不勝其重矣。

不怕炊不熟，只愁斷了火。火不斷時，煉金煮砂，可使為水作泥。而今冷灶清鍋，卻恁空忙作甚？

王酒者，京師富店也。樹百尺之竿，揭金書之簾，羅玉相之器，繪五楹之室，出十石之壺，名其館曰「五美」，飲者爭趨之也。然而酒惡，明日酒惡之名遍都市。又明日，門外有張羅者。予歎曰：「嘻！王酒以五美之名而彰一惡之實，自取窮也。夫京師之市酒者不滅萬家，其為酒惡者多矣，必人人嘗之，人人始知之，待人人知之，已三二歲矣。彼無所表著以彰其惡，而飲者亦無所指記以名其惡也，計所獲視王酒亦百倍焉。朱酒者，酒美亦無所表著，計所獲視王酒亦百倍焉。」或曰：「為酒者將掩名以售其惡乎？」曰：「二者吾不居焉，吾居朱氏。夫名為善之累也，故藏修者惡之。彼朱酒者無名，何害其為美酒哉？」

有膾炙於此，一人曰鹹，一人曰酸，一人曰淡，一人曰辛，一人曰精，一人曰粗，一人曰生，一人曰熟，一人曰適口，未知誰是。質之易牙而味定矣。夫明知易牙之知味，而未必己口之信從，人之情也。況世未必有易牙，而易牙又未易識，識之又來必信從巳。嗚呼！是非之難一久矣。

余燕服長公服少許，余惡之，令差短焉。或曰：「何害？」余曰：「為下者出其分寸長，以形在上者乏短，身之災也，害孰大焉？」

水至清不掩魚鰤之細，練至白不藏蠅點之緇。故清白二字，君子以持身則可，若以處世，道之賊而禍之藪也。故渾淪無所不包，幽晦無所不藏。

人入餅肆，問：「餅值幾何？」館人曰：「餅一錢。」一食數餅矣，錢如數與之，館人曰：「餅不用麵乎？應麵錢若干。」食者曰，「是也。」與之，又曰：「不用薪水乎？應薪水錢若干。」食者曰：「是也。」與之。又曰：「不用人工為之乎？應工錢若干。」食者曰，「是也。」與之。歸而思於路曰：「吾愚也哉！出此三色錢，不應又有餅錢矣。」

一人買布一匹，價錢百五十，令染人青之，染人曰：「欲青，錢三百。」既染矣，逾年而不能取，染人牽而索之曰：「若負我錢三百，何久不與？吾訟汝。」買布者懼，跽而懇之曰：「我布值已百五十矣，再益百五十，其免我乎？」染人得錢而釋之。

無鹽而脂粉，猶可言也，西施而脂粉，不仁甚矣。

昨見一少婦行哭甚哀，聲似賢節，意甚憐之。友人曰：「子得無視婦女乎？」曰：「非視也，見也。大都廣衢之中，好醜雜沓，情態繽紛，入吾目者千般萬狀，不可勝數也，吾何嘗視？吾何嘗不見？吾見此婦亦如不可勝數者而已。夫能使聰明不為所留，心志不為所引，如風聲日影然，何害其為見哉？子欲入市而閉目乎？將有所擇而見乎？雖然，吾猶感心也，見可惡而惡之，見可哀而哀之，見可好而好之。雖情性之正猶感也，感則人，無感則天。感之正者聖人，感之雜者眾人，感之邪者小人。君子不能無感，慎其所以感之者。此謂動處試靜，亂中見治，工夫效驗都在這裡。」

嘗與友人游圃，品題眾芳，渠以豔色濃香為第一。余曰：「濃香不如清香，清香不若無香之為香；豔色不如淺色，淺色不如白色之為色。」友人曰：「既謂之花，不厭濃豔矣。」余曰：「花也，而能淡素，豈不尤難哉？若松柏本淡素，則不須稱矣。」

服砒霜巴豆者，豈不得腸胃一時之快？而留毒五臟，以賊元氣，病者暗受而不知也。養虎以除豺狼，豺狼盡而虎將何食哉？主人亦可寒心矣。是故梁冀去而五侯來，宦官滅而董卓起。

以佳兒易一跛子，子之父母不從，非不辨美惡也，各有所愛也。

一人多避忌，家有慶賀，一切尚紅而惡素。客有乘白馬者，不令入廄閒。有少年面白者，善諧謔，以朱塗面入，主人驚問，生曰：「知翁之惡素也，不敢以白面取罪。」滿座大笑，主人愧而改之。

有過彭澤者，值盛夏，風濤拍天，及其反也，則隆冬矣，堅冰可履。問舊館人：「此何所也？」曰：「彭澤。」怒曰：「欺我哉！吾始過彭澤可舟也，而今可車。始也水活潑，而今堅結，無一似昔也，而君曰彭澤，欺我哉！」

人有夫婦將他出者，托僕守戶。愛子在牀，火延寢室。及歸，婦人震號，其夫環庭追僕而杖之。當是時也，汲水撲火，其兒尚可免與！

發去木一段，造神櫝一，鏡台一，腳桶一。錫五斤，造香爐一，酒壺一，溺器一。（此造物之象也。一段之木，五斤之錫，初無貴賤榮辱之等，賦畀之初無心，而成形之後各殊，造物者亦不知，莫之為而為耳。木造物之不還者，貧賤憂慼，當安於有生之初，錫造物之循環者，富貴福澤，莫恃為固有之物。）

某嘗入一富室，見四海奇珍山積，曰：「某物予取諸蜀，某物予取諸越，不遠數千里，積數十年以有今日。」謂予：「公有此否？」曰：「予性無所嗜，設有所嗜，則百物無足而至前。」問：「何以得此？」曰：「我只是積錢。」

弄潮於萬層波面，進步於百尺竿頭。

人之手無異於己之手也，腋肋足底，己摸之不癢，而人摸之則癢。補之齒不大於己之齒也，己之齒不覺塞，而補之齒覺塞。

四腳平穩不須又加揸墊。

只見倒了牆，幾曾見倒了地。

無垢子浴面，拭之以巾，既而洗足，仍以其巾拭之。弟子曰：「舛矣，先生之用物也，即不為物分清濁，豈不為身分貴賤乎？」無垢子曰：「嘻！汝何太分別也。足未濯時，面潔於足；足既濯時，何殊於面？面若不浴，面同於足，潔足污面，孰貴孰賤？」予謂弟子曰：「此禪宗也。」分別與不分別，此孔、釋之所以殊也。

兩家比舍而居，南鄰牆頹，北鄰為之塗墐丹堊，而南鄰不歸德，南鄰失火，北鄰為之焦頭爛額，而南鄰不謝勞。

喜者大笑，而怒者亦大笑；哀者痛哭，而樂者亦痛哭；歡暢者歌，而憂思者亦歌；逃亡者走，而追逐者亦走。豈可以形論心哉。

抱得不哭孩兒易，抱得孩兒不哭難。

疥癬雖小疾，只不染在身上就好。一到身上，難說是無病底人。

一滴多於一罣，一分長似一尋，誰謂細微可忽？死生只係滴分。

四板築牆，下面仍為上面；兩桿推磨，前頭即是後頭。

白花菜，掐不盡，一股掗十頭，一夜生三寸。

鑽腦既滑忙扯索，軋頭才轉緊蹬桿。

誰見八珍能半飽，我欲一捷便收兵。

水銀豈可蕩漾，沐猴更莫教調。

賦蠶一聯：苟絲綸之既盡，雖鼎鑊其奚辭。

詠輿夫一聯：倒垂背上珍珠樹，高起肩頭瑪瑙峰。

詞章

六經之文不相師也，而後世不敢軒輊。後之為文者，吾惑矣。擬韓臨柳，效馬學班，代相祖述，竊其糟粕，謬矣。夫文以載道也，苟文足以明道，謂吾之文為六經可也。何也？與六經不相叛也。否則，發明申、韓之學術，飾以六經之文法，有道君子，以之覆瓿矣。

詩、詞、文、賦，都要有個憂君愛國之意，濟人利物之心，春風舞雩之趣，達天見性之精；不為贅言，不襲餘緒，不道鄙迂，不言幽僻，不事刻削，不徇偏執。

一先達為文示予，令改之，予謙讓。先達曰：「某不護短，即令公笑我，只是一人笑。若為我迴護，是令天下笑也。」予極服其誠，又服其智。嗟夫！惡一人面指，而安受天下之背笑者，豈獨文哉？豈獨一二人哉？觀此可以悟矣。

議論之家，旁引根據，然而，據傳莫如據經，據經莫如據理。

古今載籍之言率有七種：一曰天分語。身為道鑄，心是理成，自然而然，毫無所為，生知安行之聖人。二曰性分語。理所當然，職所當盡，務滿分量，斃而後已，學知利行之聖人。三曰是非語。為善者為君子，為惡者為小人，以勸賢者。四曰利害語。作善降之百祥，作不善降之百殃，以策眾人。五曰權變語。托詞畫策以應務。六曰威令語。五刑以防淫。七曰無奈語。五兵以禁亂。此語之外，皆亂道之談也，學者之所務辨也。

疏狂之人多豪興，其詩雄，讀之令人灑落，有起懦之功。清逸之人多芳興，其詩俊，讀之令人自愛，脫粗鄙之態。沉潛之人多幽興，其詩淡，讀之令人寂靜，動深遠之思。沖淡之人多雅興，其詩老，讀之令人平易，消童稚之氣。

愁紅怨綠，是兒女語，對白抽黃，是騷墨語，歎老嗟卑，是寒酸語，慕羶附腥，是乞丐語。

艱語深辭，險句怪字，文章之妖而道之賊也，後學之殃而木之災也。路本平，而山溪之，日月本明，而雲霧之。無異理，有異言，無深情，有深語。是人不誠，而是書不焚，有世教之責者之罪也。若曰其人學博而識深，意奧而語奇，然則孔、孟之言淺鄙甚矣。

聖人不作無用文章，其論道則為有德之言，其論事則為有見之言，其敘述歌詠則為有益世教之言。

真字要如聖人燕居危坐，端莊而和氣自在，草字要如聖人應物，進退存亡，辭受取予，變化不測，因事異施而不失其中。要之同歸於任其自然，不事造作。

聖人作經，有指時物者，有指時事者，有指方事者，有論心事者，當時精意與身往矣。話言所遺，不能寫心之十一，而儒者以後世之事物，一己之意見度之，不得則強為訓詁。嗚呼！漢宋諸儒不生，則先聖經旨後世誠不得十一，然以牽合附會而失其自然之旨者，亦不少也。

聖人垂世則為持衡之言，救世則有偏重之言。持衡之言達之天下萬世者也，可以示極，偏重之言因事因人者也，可以矯枉。而不善讀書者，每以偏重之言垂訓，亂道也夫！誣聖也夫！

言語者，聖人之糟粕也。聖人不可言之妙，非言語所能形容。漢宋以來，解經諸儒，泥文拘字，破碎牽合，失聖人天然自得之趣，晦天下本然自在之道，不近人情，不合物理，使後世學者無所適從。且其負一世之高明，繫千古之重望，遂成百世不刊之典。後學者豈無千慮一得，發前聖之心傳，而救先儒之小失？然一下筆開喙，腐儒俗士不辨是非，噬指而驚，掩口而笑，且曰：「茲先哲之明訓也，安得妄議？」噫！此誠信而好古之義也。泥傳離經，勉從強信，是先儒阿意曲從之子也。昔朱子將終，尚改誠意注說，使朱子先一年而卒，則誠意章必非精到之語；使天假朱子數年，所改寧止誠意章哉？

聖人之言，簡淡明直中有無窮之味，大羹玄酒也；賢人之言，一見便透，而理趣充溢，讀之使人豁然，膾炙珍羞也。

聖人終日信口開闔，千言萬語，隨事問答，無一字不可為訓。賢者深沉而思，稽留而應，平氣而言，易心而語，始免於過。出此二者，而恣口放言，皆狂迷醉夢語也，終日言無一字近道，何以多為？

詩低處，在覓故事尋對頭，高處，在寫胸中自得之趣，說眼前見在之景。

自孔子時便說「史不闕文」，又曰「文勝質則史」，把史字就作了一偽字看。如今讀史只看他治亂興亡，足為法戒，至於是非真偽，總是除外底。譬之聽戲文一般，何須問他真假，只是足為感創，便於風化有關。但有一樁可恨處，只緣當真看，把偽底當真，只緣當偽看，又把真底當偽。這裡便宜了多少小人，虧枉了多少君子。

詩辭要如哭笑，發乎情之不容已，則真切而有味。果真矣，不必較工拙。後世只要學詩辭，然工而失真，非詩辭之本意矣。故詩辭以情真切、語自然者為第一。

古人無無益之文章，其明道也，不得不形而為言，其發言也，不得不成而為文。所謂因文見道者也，其文之古今工拙無論。唐宋以來，漸尚文章，然猶以道飾文，意雖非古，而文猶可傳，後世則專為文章矣。工其辭語，渙其波瀾，煉其字句，怪其機軸，深其意指，而道則破碎支離，晦盲否塞矣，是道之賊也。而無識者，猶以文章崇尚之，哀哉！

文章有八要，簡、切、明、盡、正、大、溫、雅。不簡則失之繁冗，不切則失之浮泛，不明則失之含糊，不盡則失之疏遺，不正則理不足以服人，不大則失冠冕之體，不溫則暴厲刻削，不雅則鄙陋淺俗。廟堂文要有天覆地載，山林文要有仙風道骨，征伐文要有吞象食牛，奏對文要有忠肝義膽。諸如此類，可以例求。

學者讀書只替前人解說，全不向自家身上照一照。譬之小郎替人負貨，努盡筋力，覓得幾文錢，更不知此中是何細軟珍重。

〈太玄〉雖終身不看亦可。

自鄉舉裡選之法廢，而後世率尚詞章。唐以詩賦求真才，更為可歎。宋以經義取士，而我朝因之。夫取士以文，已為言舉人矣。然猶曰：「言，心聲也。因文可得其心，因心可知其人。」其文爽亮者，其心必光明，而察其粗淺之病；其文勁直者，其人必剛方，而察其豪悍之病；其文藻麗者，其人必文采，而察其靡曼之病；其文莊重者，其人必端嚴，而察其寥落之病；其文飄逸者，其人必流動，而察其浮薄之病；其文典雅者，其人必質實，而察其樸鈍之病；其文雄暢者，其人必揮霍，而察其弛跅之病；其文溫潤者，其人必和順，而察其巽軟之病；其文簡潔者，其人必修謹，而察其拘攣之病；其文深沉者，其人必精細，而察其陰險之病；其文沖淡者，其人必恬雅，而察其懶散之病；其文變化者，其人必圓通，而察其機械之病；其文奇巧者，其人必聰明，而察其怪誕之病；其文蒼老者，其人必不俗，而察其迂腐之病。有文之長，而無文之病，則其人可知矣，文即未純，必不可棄。今也但取其文而已。見欲深邃，調欲新脫，意欲奇特，句欲飣餖，鍛鍊欲工，態度欲俏，粉黛欲濃，面皮欲厚。是以業舉之家，棄理而工辭，忘我而徇世，剽竊湊泊，全無自己神情，口語筆端，迎合主司好尚。沿習之調既成，本然之天不露，而校文者亦迷於世調，取其文而忘其人，何異暗摸而辨蒼黃，隔壁而察妍媸？欲得真才，豈不難哉？隆慶戊辰，永城胡君格誠登第，三場文字皆塗抹過半，西安鄭給諫大經所取士也，人皆笑之。後余閱其卷，乃歎曰：「塗抹即盡，棄擲不能，何者？其荒疏狂誕，繩之以舉業，自當落地，而一段雄偉器度、爽朗精神，英英然一世豪傑如對其面，其人之可收，自在文章之外耳。胡君不羈之才，難挫之氣，吞牛食象，倒海衝山，自非尋常庸眾人。惜也！以不合世調，竟使沉淪。」余因拈出以為取士者，不專在數篇工拙，當得之牝牡驪黃之外也。

萬曆丙戌而後，舉業文字如晦夜濃陰封地穴，閉目蒙被滅燈光；又如墓中人說鬼話，顛狂人說風話，伏章人說天話，又如楞嚴、孔雀、咒語、真言，世道之大妖也。其名家云：「文到人不省得處才中，到自家不省得處才高中。」不重其法，人心日趨於魑魅魍魎矣。或曰：「文章關甚麼人心世道？」嗟嗟！此醉生夢死語也。國家以文取士，非取其文，因文而知其心，因心而知其人，故取之耳。言若此矣，謂其人曰光明正大之君子，吾不信也。且錄其人，曰中式，進呈其文，曰中式之文，試問其式安在？乃高皇帝所謂文理平通，明順典實者也，今以編造晦澀、妄誕、放恣之辭為式，悖典甚矣。今之選試官者，必以高科，其高科所中，便非明順典實之文。其典試也，安得不黜明順典實之士乎？人心巧偽，皆此文為之祟耳。噫！是言也，向誰人道？不過仰屋長太息而已。使禮曹禮科得正大光明、執持風力之士，無所畏徇，重一懲創，一兩科後，無劉幾矣。

《左傳》、《國語》、《戰國策》，春秋之時文也，未嘗見春秋時人學三代。《史記》、《漢書》，西漢之時文也，未嘗見班、馬學《國》、《左》。今之時文，安知非後世之古文？而不擬《國》、《左》，則擬《史》、《漢》，陋矣，人之棄己而襲人也！六經四書，三代以上之古文也，而不擬者何？習見也。甚矣，人之厭常而喜異也！余以為文貴理勝，得理，何古何今？苟理不如人，而摹仿於句字之間，以希博洽之譽，有識者恥之。

詩家無拘鄙之氣，然令人放曠；詞家無暴戾之氣，然令人淫靡。道學自有泰而不驕、樂而不淫氣象，雖寄意於詩詞，而綴景言情，皆自義理中流出，所謂吟風弄月，有「吾與點也」之意。

血歷史221　PG2770

新銳文創
INDEPENDENT & UNIQUE

讓你智慧大開之書
——《呻吟語》（外篇）

作　　者　呂　坤
主　　編　蔡登山
責任編輯　夏天安
圖文排版　蔡忠翰
封面設計　王嵩賀

出版策劃　新銳文創
發 行 人　宋政坤
法律顧問　毛國樑　律師
製作發行　秀威資訊科技股份有限公司
114 台北市內湖區瑞光路76巷65號1樓
電話：+886-2-2796-3638　傳真：+886-2-2796-1377
服務信箱：service@showwe.com.tw
http://www.showwe.com.tw
郵政劃撥　19563868　戶名：秀威資訊科技股份有限公司
展售門市　國家書店【松江門市】
104 台北市中山區松江路209號1樓
電話：+886-2-2518-0207　傳真：+886-2-2518-0778
網路訂購　秀威網路書店：https://store.showwe.tw
國家網路書店：https://www.govbooks.com.tw

出版日期　2022年6月　BOD一版
定　　價　300元

版權所有・翻印必究（本書如有缺頁、破損或裝訂錯誤，請寄回更換）
Copyright © 2022 by Showwe Information Co., Ltd.
All Rights Reserved

Printed in Taiwan

讀者回函卡

國家圖書館出版品預行編目

讓你智慧大開之書：呻吟語. 外篇 / 呂坤原著；
蔡登山主編. -- 一版. -- 臺北市：新銳文創,
2022.06
面；　公分. -- (血歷史；221)
BOD版
ISBN 978-626-7128-10-7(平裝)

1.CST: 修身

192　　111005911